MIX
Papier aus verantwortungsvollen Quellen
FSC® C020056
www.fsc.org

ISBN 978-3-649-62801-9

Hafenweg 30, 48155 Münster, Germany

Illustrationen: Till Lenecke
Redaktion: Kai König
Grafische Gestaltung: Thomas Wolters, Internetlitho

www.coppenrath.de

Hans Kruppa

Freude schenkt dem Leben Flügel

Erzählungen, Gedichte & Gedanken

COPPENRATH

Lebe jeden Tag
mit einem
Lächeln

Lebenslicht

Lebe mutig, intensiv und intuitiv,
verschaffe dir seelischen Frieden
und geistige Unabhängigkeit,
betrachte die Liebe als den
tiefsten Weg und das höchste Ziel,
kämpfe nicht gegen die Engstirnigkeit,
die ewig lebt und unbesiegbar ist,
hab keine Angst vor dem Unglück,
aber vor allem nicht vor dem Glück,
umarme den magischen Augenblick
und nutze jede Chance,
Schönheit zu erleben,
wo immer sie dir auch begegnet.

Sie ist ein Lebenslicht,
das selbst die größte Finsternis
nicht auslöschen kann.

Möglichst offen

Sei immer möglichst offen
für schöne Überraschungen,
anderen gegenüber wie dir selbst.
Denn ein Leben,
in dem alles vorhersehbar ist,
verliert seinen Reiz, seinen Schwung,
seine Vorfreude auf Glücksmomente,
auf heitere Stunden der Leichtigkeit,
auf Abende, an denen du
dankbar auf einen Tag zurückblickst,
der dein Leben unverhofft beschenkt,
beglückt und verzaubert hat.

Merkmale der Weisheit

„Wie finde ich Weisheit?" fragte ein Schüler den Meister.
„Indem du nicht nach ihr suchst", war die Antwort.
„Was soll ich denn dann tun?"
„Öffne dich für sie! Mach deine Seele zu einem leeren Raum, damit die Weisheit ihn betreten kann."
„Wie kann mir das gelingen?"
„Laß keine unguten Gedanken dein Bewußtsein verschmutzen, öffne dich allem Schönen, laß die Liebe dein Leitstern sein und höre nie auf, hinter die Kulissen des Lebens zu blicken."
„Und wie erkenne ich, daß es die Weisheit ist, die in den leeren Raum meiner Seele kommt?"
„Dein Mund beginnt zu lächeln. Deine Augen schließen sich. Dein Herz wird heiter und leicht, deine Seele empfindet tiefen, wunschlosen Frieden. Bald darauf werden Menschen in Not deinen Rat suchen, die auf der Suche nach dem richtigen Weg sorgenvoll im dunkeln tappen, und ein weiser Mensch wirkt auf sie wie eine Lichtquelle."
„Wird es denn nicht eine verantwortungsvolle Aufgabe sein, die Sorgen und Nöte vieler Menschen in mich aufzunehmen und ihnen gute Ratschläge zu erteilen? Wird es mich nicht davon abhalten, meine Weisheit zu genießen?"
„Es hängt von dir ab, wie weit du die Tür zu deinem Haus öffnest. Es gibt Weise, die sehr zurückgezogen leben. Und es gibt Scharlatane, bei denen sich Ratsuchende die Klinke

in die Hand geben. Erreichbarkeit und Zugänglichkeit sind keine unbedingten Merkmale der Weisheit."

„Und was sind diese Merkmale? Woran erkennt man einen Weisen?"

„Seine Einsicht ins Leben ist so tief, daß die Oberflächlichen Angst bekommen, darin zu ertrinken. Seine Gelassenheit ist so gefestigt, daß die Skeptiker sie für Gleichgültigkeit halten. Sein Seelenfrieden ist so ausgeprägt, daß die Streitlustigen ihn kaum ertragen. Nicht jeder Mensch wird von einem Weisen angezogen. Für den, der sich gemütlich in der Dunkelheit eingerichtet hat, kann das Licht der Weisheit wie eine Bedrohung wirken, vor der er die Flucht ergreift."

„Heißt das auch, daß nicht jeder Mensch einen Weisen als solchen erkennt?"

„Nicht jeder erkennt ihn, nicht jeder sucht seine Nähe. Und kein Weiser gleicht dem anderen."

„Gibt es denn Merkmale, die für alle Weisen gelten?"

Der Meister nickte. „Sie lächeln gern, sind nicht rechthaberisch und verlieren kein Wort über ihre Verdienste. Obwohl ihr Bewußtsein den höchsten Gipfel erreicht hat, sind sie bescheiden. Im Gefäß ihres Humors finden alle Widersprüche und Absurditäten des Lebens Platz. Sie streben nicht nach Reichtum und Macht und lassen sich weder von Wut noch von Haß ergreifen. Und eher schwimmt ein Fisch durch die Wüste, als daß Geschwätz aus ihrem Mund strömt."

Nicht zu planen

Weisheit entsteht
gern aus dem Augenblick,
spontan, intuitiv, unvorhersehbar.
Sie läßt sich nicht planen,
vor keinen Karren spannen,
sie folgt keiner Methode oder Strategie,
sondern einem Impuls des Herzens,
einer Eingebung der Seele.

Man erkennt sie daran,
daß sie eine Wirkung erzielt,
eine Veränderung bewirkt,
etwas Gefangenes befreit.

Freude schenkt dem Leben Flügel

Wenn die Freude dich durchdringt,
gehe tief in sie hinein,
laß dich völlig auf sie ein,
denn die Kraft, die sie dir bringt,
erzeugt Glanz und Leichtigkeit,
gibt dem Leben Heiterkeit,
macht die Seelenlandschaft weit –
Freude schafft Zeitlosigkeit.

Freude bringt dein Herz zum Schweben,
will dir nur ihr Bestes geben,
trägt dich auf die höchsten Hügel –
Freude schenkt dem Leben Flügel.

Nicht mit Kraft

Die wirklich magischen
Türen deines Lebens
öffnest du nicht mit Kraft,
Gewalt oder Einbruchswerkzeug –

sondern mit intuitiver Sanftheit,
mit lächelnder Leichtigkeit
und mit viel Fingerspitzengefühl.

Deine Zeit

Manche Leute
schlagen ihre Zeit tot.
Du kannst deine Zeit
zum Leben erwecken,
kannst jeden deiner Tage
mit Erlebnissen füllen,
die dich inspirieren,
die dich beflügeln.

Es wird dir
nicht täglich gelingen –
aber das ist kein Grund,
es nicht täglich
aufs neue zu versuchen.

Sichtbedingung

Nur mit liebevollen Blicken
kannst du das Wunderbare,
das Magische und Vollkommene
in einem anderen Menschen sehen.
Mit gewöhnlichen Blicken
wirst du nichts Außergewöhnliches
in ihm entdecken können.

Liebesfülle öffnet die Augen
des Herzens und der Seele,
Gewohnheit und Gleichgültigkeit
halten sie verschlossen.

Chancenerhöhung

Spiele die Karten,
die der Tag dir gibt,
mit einem inneren Lächeln aus.

Das erhöht
deine Gewinnchancen.

Freundschaftswille

Stehe jeden Morgen
mit dem Willen auf,
dir diesen Tag
zum Freund zu machen.

Wenn er deine Freundschaft
in den Wind schlägt,
schlage sie aus
dem Wind heraus
und biete sie
dem nächsten Tag an.

Jeder Tag ist ein kleines Leben

Jeder Tag ist
ein kleines Leben.
An jedem Tag kannst du
den Alltagsdämon besiegen,
indem du andere Prioritäten setzt,
deine Gewohnheiten sabotierst,
etwas Neues mit dem Tag anstellst –

denn das Leben braucht Abwechslung,
braucht immer wieder neue Wege,
Impulse und Inspirationen,
um sich selbst eine Freude zu sein.

Wie eine weisse Daune

Laß dein Lebensgefühl
ein zartes, leichtes sein,
das der Wind des Tages
wie eine weiße Daune
in den blauen Himmel
der Lebensfreude trägt
und dort zum Tanzen bringt.

Das Komische im Ernsten

Vieles Ernste im Leben
hat auch seine komischen Seiten,
auf die wir immer wieder
unseren Blick richten sollten.
Denn sie bringen uns dort zum Lachen,
wo wir Gefahr laufen können,
unsere Freude am Leben einzubüßen.

Die immer neue Entdeckung des
Komischen im Ernsten
kann das Bedrückende entwaffnen
und ihm so viel von seiner Macht
über unser Lebensgefühl entziehen.

Die Bitte des Spiegelbildes

Ein junger Graphiker, der gern lange schlief, aber wie an jedem Arbeitstag um sieben Uhr aufstehen mußte, tapste verschlafen und mürrisch ins Badezimmer. Sein erster Blick fiel auf sein Spiegelbild, das ihn mit griesgrämigem und schlaftrunkenem Gesicht ansah.

Als er zu der Zahnbürste griff, bekam er einen gehörigen Schrecken, denn sein Spiegelbild sagte zu ihm: „Allmählich habe ich es satt, ein so frustriertes, vorwurfsvolles Gesicht spiegeln zu müssen. Warum versuchst du nicht, mir ein Lächeln zu schenken? Ich gebe es dir ganz bestimmt zurück. Auf diese Weise fängt für uns beide der Tag gleich viel besser an. Und was besser anfängt, kann nur besser weitergehen."

„Aber wie soll ich es schaffen zu lächeln, wenn ich noch so müde bin, daß ich am liebsten wieder zurück ins Bett torkeln würde?" fragte der junge Mann.

„Wenn du es nicht mit den Gesichtsmuskeln schaffst, nimm deine beiden kleinen Finger als Hilfe und ziehe damit deine Mundwinkel nach oben. Das wäre schon mal ein Anfang! Bitte versuch es wenigstens!"

Der Graphiker erfüllte die Bitte seines Spiegelbildes. Obwohl – oder vielleicht gerade weil – das derart erzwungene Lächeln etwas Lächerliches hatte, amüsierte es ihn, und dieses Vergnügen weckte einen Teil seiner um diese Zeit noch schlafenden Lebensgeister.

An den nächsten Morgen wiederholte er die Prozedur, bis es ihm nach einer Woche gelang, auch ohne Zuhilfenahme seiner Finger zu lächeln.

„Das machst du sehr gut", lobte ihn sein Spiegelbild. „Jetzt sollte dein nächstes Ziel sein, nicht nur mit dem Mund zu lächeln, sondern dein Lächeln auch aus den Augen kommen zu lassen."

„Das wird sehr schwierig", prophezeite der Mann.

„Das wird dir schon gelingen!" ermunterte ihn sein Spiegelbild. „Ich glaube an dich!"

Nach einem Monat stellte der Mann eines Morgens überrascht fest, daß er nicht nur mit dem Mund, sondern auch mit den Augen lächelte.

„Ich danke dir", sagte sein Spiegelbild. „Jetzt spiegele ich dich sehr gern!"

„Ich habe dir zu danken", erwiderte der Graphiker. „Es fällt mir inzwischen viel leichter, meinen Arbeitstag zu beginnen."

Eine Woche später kam er in der Bahn, mit der er immer zur Arbeit fuhr, mit einer jungen Frau ins Gespräch, deren Sympathie er mit seinem strahlenden Lächeln auf Anhieb gewann. Als er ihr von seinem Beruf erzählte, den er noch lieber ausüben würde, wenn er nicht jeden Morgen um sieben Uhr aufstehen müßte, versprach sie ihm, mit ihrer Tante

zu sprechen – einer Führungskraft eines Unternehmens, das gerade auf der Suche nach einem guten Graphiker war.
Der junge Mann überzeugte beim Einstellungsgespräch mit seinem Können und seinem Lächeln und bekam die freie Stelle, die nicht nur besser bezahlt wurde als seine vorherige, sondern ihm dazu noch ermöglichte, seine Arbeitszeiten so einzuteilen, wie es ihm gefiel.
Und so konnte er schließlich jeden Morgen ausschlafen, was seine Dankbarkeit gegenüber seinem Spiegelbild noch vergrößerte.

Nicht verhandelbar

Bestehe auf deiner
Freude am Leben,
sie ist nicht verhandelbar.
Bestehe auf ihr,
auch an trostlosen Orten,
auch in schwierigen Zeiten –
wenn sie unzugänglich,
unauffindbar oder verloren scheint.
Gib sie niemals auf,
selbst wenn der Ernst des Lebens
dich in den Schwitzkasten nimmt
und zu Boden drückt.

Früher oder später wird
die Lebensfreude dir
deine Treue danken.

Seelennahrung

Gib deiner Seele Nahrung
durch Liebe und Schönheit,
damit dein Leben so ist,
daß du an seinem Ende
darauf zurückblicken kannst –
ohne das bittere Gefühl,
das Wertvollste versäumt zu haben.

In Frieden

Manchmal lohnt es sich,
einen genaueren Blick auf
ein Wort zu werfen.
In dem Wort Zufriedenheit
steckt das Wort Frieden –
und das nicht ohne Grund.
Denn es ist kaum möglich,
zufrieden zu sein,
ohne in Frieden zu leben
mit sich selbst und
mit seiner Umgebung.

Willst du zufrieden leben,
mußt du in Frieden leben.

Frage dich nicht

Niemand weiß,
warum die größten Schätze des Lebens
manchen Menschen in den Schoß fallen
und sich anderen verweigern,
selbst wenn sie sich noch so sehr
darum bemühen, sie zu erlangen.
Schatzgewinne scheinen nicht nur
eine Folge guten Handelns zu sein,
sondern oft auch auf purem Glück,
auf Launen des Schicksals zu beruhen.

Deshalb frage dich nicht,
womit du die Schätze verdient hast,
die das Leben dir schenkt.
Genieße sie.

So wertvoll

Kaum etwas ist so wertvoll
wie ein magischer Moment.
Er ist unberechenbar
und entsteht gern dann,
wenn man ihn nicht erwartet.

In ihm findet dein Leben
seine größten Schätze.
Er überwältigt dich,
macht dich dankbar und sprachlos
mit seiner Schönheit, seiner Intensität.

Du kannst ihn nicht suchen,
aber du mußt offen für ihn sein,
wenn er dich finden soll.

Und dennoch

Manchmal bedrücken dich
die Gewalt, die Ungerechtigkeit,
der ewige Schrecken des Weltgeschehens.
Das Feuer der Höllen auf Erden
scheint einfach zu groß, zu wild,
um jemals löschbar zu sein.

Und dennoch oder gerade deshalb
solltest du immer aufs neue
deinen Blick auf die Paradiese richten,
die trotz allem zu finden sind,
auf die prächtigen Bäume und zarten Blumen,
auf die Liebe, auf die Freundschaft,
auf die Schönheit und den Zauber.

Du lebst nicht, um an der Welt zu leiden,
sondern um trotz ihrer Ungeheuerlichkeiten
himmlische Momente und Zeiten zu erleben.

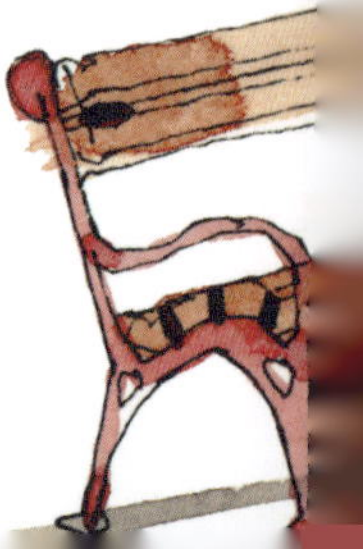

Lebenswissen

Junge Menschen glauben gern,
daß das Leben unendlich lang sei.
Alte Menschen wissen,
wie kurz es im nachhinein wirken kann.
Hätten die jungen
dieses Lebenswissen der alten,
würden sie so leben,
wie es die Lebensweisheit empfiehlt:
keine gute Chance ungenutzt lassen,
keinen magischen Augenblick verwässern,
keine mögliche Liebe unmöglich machen,
jeden neuen Tag als ein neues Leben verstehen,
nichts Erlebenswertes auf morgen verschieben.

In welchem Alter du auch sein magst:
Gib dich dem schönen Augenblick
mit Leib, Herz und Seele hin.
Denn er wird vergehen.

Der Schneemann und die Krähe

Eine Krähe setzte sich auf den Kopf eines Schneemanns und fragte ihn: „Wie bist du in diesen Garten gekommen? Gestern warst du noch nicht hier!“

„Die Kinder im Haus haben mich heute morgen gebaut. Sie hatten große Freude dabei. Und jetzt habe ich große Freude an meinem unverhofften Leben.“

„Warum?“ fragte die Krähe.

„Aus vielen Gründen.“

„Nenne mir ein paar!“

„Schau nur, wie wunderschön die Sonne auf der Schneedecke glitzert!“ schwärmte der Schneemann. „Wie herrlich die Bäume aussehen, als wären alle ihre Äste und Zweige mit Puderzucker bestäubt worden! Wie zauberhaft das Himmelszelt leuchtet in seinem vollkommenen Blau!“

„Du weißt, daß deine Freude nur kurz sein wird“, mahnte die Krähe. „Genauer gesagt: nur so lange, wie der Frost sich hält. Und der hält sich in dieser Gegend selten länger als wenige Tage.“

„Dann freue ich mich auf diese wenigen Tage“, sagte der Schneemann.

Die Krähe krächzte mißbilligend. „Ein so kurzes Leben ist nicht viel wert. Kaum hat es richtig angefangen, schon ist es wieder zu Ende.“

„Und wenn schon. Es kommt doch nicht auf die Länge des Lebens an, sondern auf die Freude daran. Ein glücklich verlebter Tag ist mehr wert als ein unglücklich verbrachtes Jahr."
„Das mag sein", gestand die Krähe zu. „Aber je mehr Freude du an deinem kurzen Leben hast, desto trauriger wirst du sein, wenn du schmilzt."
„Ich werde nicht traurig über das Unvermeidliche sein", erklärte der Schneemann. „Ich werde dankbar dafür sein, daß ich in Freude gelebt habe."
„Dankbar für ein paar Tage?" fragte die Krähe skeptisch.
„Ja. Dankbar für jeden Tag, jede Stunde, jeden Augenblick. Auch dankbar für die Begegnung mit dir."
Die Krähe schüttelte den Kopf. „Du bist ein hoffnungsloser Fall", krächzte sie und flog davon.
„Ich bin nicht hoffnungslos. Ich hoffe, du besuchst mich noch einmal, bevor der Frost endet", rief der Schneemann ihr hinterher. „Denn auch du bist herrlich anzusehen in deinem schwarzen Gefieder vor dem Hintergrund der weißen Zauberwelt."

Womöglich dort

Nichts ist für die Ewigkeit.
Alles ist für den Augenblick.
Deshalb vergiß die Ewigkeit
und laß dich tief sinken –
bis auf den Grund des Augenblicks.

Womöglich findest du dort
unverhofft ein Gefühl von Ewigkeit.

Noch lange nicht

Wenn im
Buch des Lebens
unter einem Abschnitt
das Wort Ende steht,

heißt das
noch lange nicht,
daß dies auch
die letzte Seite ist.

Eine der besten Antworten

Deine Zukunft liegt
im Nebel des Ungewissen.
Mit Sicherheit weißt du nur,
daß du älter werden
und irgendwann sterben mußt.

Auf die Frage,
wie du am besten die ungewisse
vor dir liegende Zeit verbringen solltest,
kannst du dir viele Antworten geben.
Eine der besten lautet so:

Ich werde versuchen,
meine Lebenszeit so intensiv,
so sinnvoll und freudig zu verbringen,
daß ich am Ende eines jeden Tages
dankbar dafür bin, ihn erlebt zu haben.

Seelenfrucht

Weisheit ist
die Frucht einer Seele,
die der Liebe
und dem Leben
tiefes Vertrauen
geschenkt hat.

In Seelenfrieden

Lebe in Seelenfrieden,
also kämpfe nicht
gegen die Sehnsüchte
und Wünsche deiner Seele,
sondern folge ihnen,
um sie zu erfüllen.

Ein Leben ohne Seelenfrieden
ist ein halbes Leben,
dem seine bessere Hälfte fehlt.

Es leicht nehmen

Es gibt nicht vieles,
was zu einem guten Leben
mehr beiträgt als die Fähigkeit,
es leicht zu nehmen.
Der Ernst des Lebens hat
unzählige Erscheinungsformen,
die alle eine Gemeinsamkeit haben:
Sie mögen die Leichtigkeit nicht.

Wenn es dir immer wieder gelingt,
den Ernst des Lebens
auf die leichte Schulter zu nehmen,
wird es ihm immer weniger Freude machen,
unangemeldet vor deiner Tür zu stehen.

Das Geheimnis der Leichtigkeit

Zwei Freunde saßen vor einem Kaminfeuer zusammen. Nach einem längeren Schweigen räusperte der ältere sich und fragte: „Was ist eigentlich dein Geheimnis?"
„Welches Geheimnis?"
„Das Geheimnis deiner Leichtigkeit. Ich kenne niemanden, der so beschwingt durchs Leben geht wie du. Wie machst du das?"
„Ich mache nichts. Es geschieht irgendwie von selbst. Vielleicht liegt es in meinen Genen."
„Du hast also keine Strategie, keine Philosophie?
„Ich habe schon eine Art Philosophie", sagte der jüngere nach kurzem Nachdenken. „Ihre Basis ist eine Erfahrung, die ich als junger Mann gemacht habe. Die erste Frau, die ich liebte, verließ mich von heute auf morgen, ohne mir einen Grund dafür zu nennen. Ich begann zu leiden und zu grübeln und zwang mich schließlich, die traurige Tatsache zu akzeptieren, daß nichts im Leben Bestand hat. Es ist immer in Bewegung und in permanentem Wandel begriffen. Alles beginnt und endet irgendwann. Gefühle entstehen und vergehen. Alles im Leben ist provisorisch, wie das Leben selbst."
„Das klingt, als hättest du den Schmerz des Verlassenwerdens mit philosophischen Gedanken über das Leben überwunden. Einfach so."

„Also, einfach war es ganz und gar nicht. Der Schmerz saß tief, aber ich wollte nicht jeden Tag aufs neue apathisch auf dem Sofa liegen und leiden. Im Grunde habe ich mich mit meinen Grübeleien über die Vergänglichkeit von meinen verletzten Gefühlen abgelenkt, die ja nicht unbedingt schneller heilen, wenn man sich voll und ganz auf sie konzentriert. Und diese Ablenkung erwies sich letztlich als hilfreich, weil ich viel daraus gelernt habe."

„Und was hast du gelernt?"

„Daß es angesichts der Flüchtigkeit des Lebens und der Gefühle völlig natürlich ist, wenn Liebe vergeht. Und daß es keinen Sinn hat, gegen das Natürliche zu kämpfen. In einem solchen Kampf hat man keine Chance. Irgendwann sagte ich mir, daß ich froh sein sollte, diese Liebe erlebt zu haben, anstatt deprimiert darüber, daß sie zu Ende gegangen war."

„Und das hat dir geholfen, darüber hinweg zu kommen?"

„Ja, es hat mir geholfen. Das ist jetzt schon zwanzig Jahre her. Seitdem halte ich nichts mehr für selbstverständlich. Ich genieße alles Gute, das mir begegnet, ich umarme es, aber ich klammere mich nicht daran fest, wenn es wieder geht. Ich habe mich innerlich der Vergänglichkeit und Flüchtigkeit des Lebens angepaßt. Ich habe keine Erwartungen mehr, daß etwas Schönes, das ich heute erlebe, auch morgen noch schön ist. Als meine Freundin mich verließ, war es wie ein Stich ins Herz. Aber letztlich hat dieser Stich mich aus dem Schlaf meiner Illusionen über die Natur des Lebens geweckt und eine solide Gelassenheit in mir hervorgerufen. Womöglich vermittelt diese dir den Eindruck einer gewissen Leichtigkeit."

Der ältere der Freunde nickte nachdenklich. „Vielleicht ist es das wirklich. Ich betrachte das Leben eher als einen Kampf. Vielleicht komme ich mir deshalb manchmal so schwerfällig vor. Warum hast du damals eigentlich nicht um die Liebe deiner Freundin gekämpft?"

„Warum hätte ich es tun sollen? Diese Liebe war verblüht. Meine Freundin sagte es mir klipp und klar, und ich spürte es deutlich."

„Aber manchmal muß man um die Gefühle eines Menschen kämpfen, der einem wichtig ist."

„Bestimmt gibt es Situationen, in denen das sinnvoll ist. Etwa wenn Gefühle noch leben, aber nicht wissen, in welche Richtung sie sich bewegen sollen. Doch wenn sie ihre Zeit gehabt haben, kann kein Wollen und kein Kämpfen ihnen ihr Leben zurückgeben. Dann muß man akzeptieren und loslassen."

„Und woran merkst du, ob Gefühle noch leben oder schon tot sind?“
„Ich spüre es“, war die Antwort. „Ich spüre es in meiner Seele, wenn ich mich tief genug in sie sinken lasse. Auf dem Grund der eigenen Seele finde ich früher oder später Antworten auf alle Fragen, die das Leben mir stellt.“

Rechtzeitiges Vergessen

Alles ist vergänglich.
Diese Wahrheit muß dir bewußt sein,
damit du die Kostbarkeit
schöner Erlebnisse zu schätzen weißt.
Aber du mußt auch rechtzeitig
diese Wahrheit vergessen können,
wenn Schönheit dich verzaubert –

denn das Bewußtsein,
daß der Zauber vergehen wird,
kann ihn verfrüht vergehen lassen.

Rückzugsorte

Gegen die Marktschreier der Engstirnigkeit,
gegen die Sturheit der Besserwisser,
gegen die Peinlichkeiten der Selbstdarsteller,
gegen das Dauergetöse der Wichtigtuer
kannst du nichts ausrichten –
aber du kannst äußere
und innere Rückzugsorte finden,
an denen all dies nicht
zu hören, zu sehen, zu spüren ist.

Besuche sie so oft wie möglich,
denn dort wartet
dein eigentliches Leben auf dich.

Die richtige Mischung

Die Zeit deines Lebens
ist kostbar und unersetzlich.
Vergeude sie nicht
mit unerfüllbaren Träumen
und oberflächlichem Zeitvertreib.

Finde immer aufs neue
die richtige Mischung
aus Intensität und Leichtigkeit.

Nur dort

Kämpfen hat nur dann einen Sinn,
wenn du auch gewinnen kannst.
Setze deine Kräfte und Fähigkeiten
nur dort ein, wo du die Chance hast,
etwas Gutes zu bewirken –
und vergeude sie nicht im Kampf
gegen unbesiegbare Drachen.

Zumal eins bekannt ist:
Wer zu lange gegen Drachen kämpft,
wird selbst zum Drachen.

17 96

Lebe deine Träume

Träume wahrmachen

So gut wie alle Menschen
haben Sehnsüchte und Träume,
die sie verwirklichen möchten.
Dieses Verwirklichen erfordert
Begabung, Beharrlichkeit,
Selbstvertrauen und auch Mut.

Ob du zu denen gehörst,
die ihre Träume wahr machen,
oder zu jenen, die sie aufgeben,
von der Welt und sich selbst enttäuscht,
kannst du nur herausfinden,
indem du immer aufs neue versuchst,
sie wahrzumachen.

Und wenn du hier
und dort scheitern solltest,
kannst du dir zumindest nicht vorwerfen,
es nicht versucht zu haben.

Chancen nutzen

Jede gute Gelegenheit,
die du nicht ergreifst,
ist ein wertvolles Erlebnis,
das du links liegen läßt.
Jeder liebenswerte Mensch,
den du nicht liebst,
ist eine kostbare Erfahrung,
der du dich verschließt.

Du lebst, um Chancen zu nutzen –
nicht, um sie zu verpassen.
Woher willst du wissen,
daß noch weitere kommen werden?
Nichts ist so berechenbar
wie die Unberechenbarkeit des Lebens.

Der Weg der Sehnsucht

Suchst du den
Sinn deines Lebens,
folge deiner Sehnsucht nach ihm.
Sie kennt den Weg,
auch wenn sie ihn nicht
genau beschreiben kann.

Sie wird dir den Sinn nicht
auf dem Silbertablett reichen.
Du mußt Prüfungen bestehen
und Mut beweisen.
Du mußt ihr auch dorthin folgen,
wo der Weg steinig wird,
wo sich dir Ängste und Zweifel
in den Weg stellen.

Ohne Hindernisse zu überwinden,
wirst du deinen Sinn nicht finden.

Richtungsweiser

Träume und Sehnsüchte
leben nicht in deiner Seele,
damit dein Kopf sie als Illusionen abtut.
Sie wollen erfüllt, verwirklicht werden,
sie zeigen dir die Richtung
deines Lebensweges an,
sie inspirieren und beflügeln dich.

Es ist nicht so schlimm,
wenn sich nicht alle Träume erfüllen,
wenn nicht alle Sehnsüchte gestillt werden.
Schlimm ist es allerdings,
wenn du ihnen keine Chancen dazu gibst.

Erholungsurlaub

Wenn die Wirklichkeit der Welt
dir als zu katastrophal erscheint,
gehe ins Reich der Phantasie,
gönne dir einen Erholungsurlaub
in der Welt deiner Seele,
wo du dich von der Außenwelt erholen
und neue Kraft schöpfen kannst,
mit dem Unheil zu leben.

Chance oder Gefahr

Angst kann dich
vor Fehlern bewahren,
kann dich aber auch
vor Chancen zurückschrecken lassen,
die dein Leben bereichern
und auf eine höhere Ebene tragen.
Sie kann eine Mauer sein,
die dich vor Gefahr schützt
oder von einer guten Erfahrung fernhält.

Du mußt von Fall zu Fall entscheiden.

Mit Mut und Entschlossenheit

Laß dich in
den guten Augenblick fallen,
um seine ganze Tiefe zu erleben,
und flüchte vor
dem schlechten Augenblick,
bevor er dich in seinen Bann zieht.

Laß dich vom Leben nicht
wie eine Marionette behandeln,
zeige ihm mit Mut und Entschlossenheit,
daß du dir nicht gefallen läßt,
was deiner Seele nicht gefällt.

Keine Gründe

Wenn ein Traum sich nicht erfüllt,
auf dessen Erfüllung du gehofft hast,
ist das eine bittere Erfahrung,
aber kein Grund zur Verbitterung,
denn nicht jeder Traum
kann verwirklicht werden.
Es ist auch kein Grund
zum Mißtrauen gegenüber Träumen,
denn sie schenken dir viel Gutes,
so lange sie Träume sind.

Und wenn sie sich als solche entpuppen,
kannst du ihr Verblassen dazu nutzen,
dich in der Kunst des Abschieds zu üben.

Dankbarkeit und Wissen

Wenn du etwas Gutes
ein für allemal verloren hast
und in tiefer Verzweiflung
zu versinken drohst,
greife nach dem Rettungsring
der Dankbarkeit darüber,
daß du dieses Gute erlebt hast,
und nach der Schwimmweste des Wissens,
daß alles Gute seine Zeit hat,
in der es genossen werden will –
und daß keine Verzweiflung
es zurückbringen kann,
sondern den Verlust nur noch
schwerer zu ertragen macht.

Sterne

Tiefe Gedanken sind Sterne
am Himmel des Bewußtseins.
Je tiefer sie sind,
desto heller leuchten sie,
desto mehr Zauber strahlen sie
in die Welt hinaus.

Nur eine Sache

Konzentriere dich
auf nur eine Sache,
widme dich ihr
mit ganzer Hingabe –
und du hast gute Chancen,
daß deine Hingabe belohnt wird.

Wer gleichzeitig
zu viele Aufgaben erledigt,
macht zwangsläufig Fehler.
Wer auf zu vielen Hochzeiten tanzt,
gerät früher oder später
aus seinem Lebenstakt.

Selbstverpflichtung

Du hast die Verpflichtung
dir selbst gegenüber,
deine Träume und Sehnsüchte
in Wirklichkeit zu verwandeln
und dich nicht mit einem Leben abzufinden,
das deine Sehnsucht nicht gesucht hat,
das deine Träume nicht gewollt haben.

Es ist keine Kunst, geboren zu werden,
aber es gehört Kraft, Mut, Beharrlichkeit
und viel Glaube an sich selbst dazu,
mit den Jahren mehr und mehr
den Sinn seiner Geburt zu erkennen
und Wirklichkeit daraus zu machen.

Ein Tauschhandel

Ein älterer Mann galt als der wohl größte Weise im ganzen Königreich. Er war arm und bescheiden und lebte allein in einer kleinen Holzhütte am Rand eines Dorfes.
Der König des Reiches hatte ihn durch einen Boten schon mehrmals in sein Schloß eingeladen, aber der Weise hatte nur gesagt, daß er sein Dorf nicht verlassen wolle.
Wäre er nicht der größte Weise in meinem Reich, würde ich ihn für seine Mißachtung meiner Einladungen bestrafen, dachte der König, aber vielleicht hat er ja einen guten Grund dafür, sie auszuschlagen.
Und so entschied er sich, der Redensart zu folgen, nach welcher der Berg zum Propheten kommen müsse, wenn der Prophet nicht zum Berg komme.
Schon am nächsten Tag klopfte der König an die Tür des Weisen.
„Oh, der König", sagte der überrascht, „welch unverhoffter Besuch! Mögt Ihr in meine bescheidene Hütte eintreten und ein Glas Wasser mit mir trinken?"
Der König setzte sich mit dem Weisen an einen mit Kerben und Kratzern übersäten Holztisch. „Warum hast du meine Einladungen in mein Schloß nicht angenommen?" eröffnete er das Gespräch.
„Ich verlasse schon seit vielen Jahren mein Dorf nicht mehr."
„Reizt es dich denn gar nicht, die Pracht meines Schlosses zu sehen?"

„Mir genügt es, die Pracht der Erde und des Himmels zu sehen."
„Du lebst in Armut", stellte der König fest.
„Das ist der Preis meiner Freiheit."
„Deine Kleidung ist abgetragen und sieht so aus, als würde sie bald auseinanderfallen."
„Alles fällt irgendwann auseinander, was einmal zusammengefügt wurde."
„Ist es wahr, daß du von den Gaben lebst, die Menschen in diesem Ort und in umliegenden Dörfern dir für deine Ratschläge überlassen?"
„Das ist wahr."
„Warum suchen sie deinen Rat?"
„Weil sie in Not sind, aus unterschiedlichen Gründen."
„Nenne mir einige!"
„Wenn ihnen Schwierigkeiten so sehr zu schaffen machen, daß sie weder ein noch aus wissen. Wenn ein harter Schicksalsschlag sie getroffen hat. Wenn sie einen Streit führen, der nicht enden will. Wenn sie darunter leiden, von ihrem Weg abgekommen zu sein, und Angst haben, ihn nicht mehr zu finden. Ich höre ihnen mit meiner Seele zu – und aus meiner Seele strömen Worte, die ihnen oft helfen, die ein Licht in ihnen entzünden. Dafür zeigen sie sich erkenntlich, jeder auf seine Weise."
„Kannst du allen helfen, die zu dir kommen?"
„Ich versuche es, aber es gelingt mir nicht immer. Manche Schicksalsschläge sind so hart, manche Irrwege so hoff-

nungslos, daß meine Seele keine Worte der Hilfe findet. Dann schweige ich. Es ist besser zu schweigen, als einem Menschen in Not seelenlose Worte zu sagen."
„Deine Hütte ist klein und alt. Warum arbeitest du nicht mehr? Dann könntest du dir eine größere und bessere Hütte leisten."
„Ich bin mit meiner Hütte ganz und gar zufrieden."
„Man sagt über dich, daß du ein weiser Mann bist. Bist du das?"
„Sagt man das?"
„Ja, es heißt, daß dein Lebenswissen tief ist und daß deine Ratschläge Gold wert sind. Deshalb bin ich zu dir gekommen. Ich wünsche mir einen weisen Ratgeber an meinem Hof. Meine drei engsten Berater sind klug und gebildet, sie können um sieben Ecken denken, aber sie sind nicht weise."
„Woran erkennt Ihr, daß sie nicht weise sind?"
„Sie wetteifern ehrgeizig darum, als der beste Ratgeber in meinen Augen zu gelten. Dabei gebärden sie sich oft so wichtigtuerisch und theatralisch, daß es manchmal schon komisch wirkt. Ich glaube, ein Weiser wetteifert nicht und zeichnet sich durch Gelassenheit aus, er ist einzigartig und unersetzlich. Meine Berater gleichen einander in ihrer Art wie ein Ei dem anderen, und jeder von ihnen ist ersetzlich. Ich biete dir sechzig Goldmünzen pro Jahr für deine Dienste an. Das ist so viel, wie ich meinen drei engsten Beratern zusammen zahle."
„Euer Angebot ehrt mich. Doch ich muß es ablehnen."
„Aber warum denn?"

„Weil ich mich damit in Eure Dienste stellen und meine Freiheit verlieren würde."
„Was ist so schlecht daran, in einem Schloß zu leben?"
„Ich lebe lieber in meiner Hütte."
„Und wenn ich mein Angebot verdoppele?"
„Meine Freiheit ist unbezahlbar."
Der König war verärgert und gleichzeitig beeindruckt. Jeder Mensch hat seinen Preis, dachte er und sagte: „Mein letztes Wort: Ich biete dir hundertfünfzig Goldstücke pro Jahr!"
„Und wenn Ihr mir alles Gold in Euren Schatzkammern bieten würdet, könnte ich nur wiederholen: Meine Freiheit ist unbezahlbar."
„Aber warum?"
Der Weise lächelte. „Weil sie der natürliche Zustand meiner Seele ist. Wenn ich meine Freiheit verkaufe, dann verkaufe ich meine Seele. Und nur ein Narr verkauft seine Seele, denn sie ist das Wertvollste, was ein Mensch hat."
„Warum ist deine Seele so wertvoll für dich?"
„Weil sie der Kern meines Wesens ist. Wenn ich diesen Kern verkaufe, mache ich mich zu einem hohlen Menschen. Nur ein Narr würde das tun."
Der König konnte trotz seiner Verärgerung nicht umhin, dem Weisen Respekt zu zollen: „Du bist ein standfester Mann. Zweifellos bist du aus einem anderen Holz geschnitzt als meine Ratgeber, Minister und Höflinge. Du schmeichelst mir nicht, buhlst nicht um meine Gunst, sondern sagst, was du denkst. Und Reichtum, nach dem doch alle Menschen

streben, führt dich nicht in Versuchung. Wie bist du zu dem geworden, der du bist?"

„Indem ich immer der Stimme meiner Seele folgte", sagte der Weise. „Ich wäre ein Narr gewesen, jemand anders zu werden als der, der ich bin."

„Wie hast du deine Weisheit erlangt? Oder läßt sich Weisheit nicht erlangen? Wird sie einem Menschen in die Wiege gelegt wie eine wunderschöne Gesangsstimme?"

„Ich kann Euch nur sagen, daß ich schon als junger Mann das Bedürfnis verspürte, durch die Oberfläche der Menschen und der Dinge hindurch zu sehen, um ihr eigentliches Wesen zu erkennen. Dieser Wunsch nach tiefster Einsicht hat mich wie ein treuer Freund durch mein Leben begleitet und die Wege gehen lassen, die meinem Wesen entsprachen."

„Und du bist nie einen Weg gegangen, der sich als falsch herausgestellt hat, den du bereuen mußtest?"

„Auf einigen Wegen wurde ich von Zweifeln befallen. Doch zurückblickend kann ich sagen, daß alle Wege, die ich gegangen bin, auch die schwierigsten, ihren Sinn und ihren Wert hatten. Bereut habe ich keinen von ihnen."

„Eins will ich dich noch fragen: Was siehst du, wenn du durch meine Oberfläche hindurch blickst?"

„Ich sehe einen Mann, der sich unter der Last einer großen Aufgabe Sorgen um das Heil seiner Seele macht."

Der König atmete tief durch und schaute dem Weisen nachdenklich in die Augen. „In gewisser Weise beneide ich dich", gestand er. „Du führst ein anspruchsloses Leben, aber es ist ganz und gar dein Leben. Mein Leben ist voller Reichtum, aber von früh bis spät liegen mir meine Berater und Minister in den Ohren und erwarten Entscheidungen und Verordnungen von mir. Unentwegt bin ich von Höflingen und Dienern umgeben. Alle lächeln untertänig und verbeugen sich vor mir, aber ich weiß nicht, was sie insgeheim über mich denken. Alle erweisen mir größte Ehrerbietung und Hochachtung, und doch fühle ich mich in ihrer Mitte oft seltsam allein. Im Gespräch mit dir habe ich mich nicht allein gefühlt."

Der König erhob sich von dem Holzschemel. „Vor der Tür warten meine Kutsche und meine Leibgarde, um mich zurück in mein Schloß zu bringen, wo ich mich manchmal wie der Gefangene meiner eigenen Macht fühle. In deiner Nähe fühle ich mich auf unerklärliche Weise frei."

Der König griff in eine Tasche seiner edelsteinbesetzten Jacke, zog einen roten Samtbeutel daraus hervor und legte ihn auf den Tisch. „Darin sind zwanzig Goldmünzen. Ich schenke sie dir und erwarte dafür keine Gegenleistung."

„Das ist ein zu großes Geschenk", sagte der Weise.

„Nein, es ist ein Tauschhandel", erklärte der König. „Ich gebe dir ein kleines Stück von meinem Reichtum für ein kleines Stück von deinem Reichtum."

Keine Gewähr

Selbst wenn du
fest entschlossen bist,
deine Träume zu leben,
ist dies keine Gewähr dafür,
daß es dir gelingen wird.

Entschlossenheit ist
eine wichtige Voraussetzung dafür,
doch du brauchst zudem
Talent, Kraft, Beharrlichkeit –
einen festen Glauben an dich selbst
und oft auch eine Portion Glück,
um deine Träume wahrzumachen.

Nie so weit

Der Traum von deinem Leben
und die Wirklichkeit
werden nicht immer
Hand in Hand gehen.
Oft wird die Wirklichkeit
hinter deinem Traum zurückbleiben,
aber sie sollten nie
so weit auseinandertreiben,
daß die Wirklichkeit
deinen Traum nicht mehr einholen kann.

Kompetente Ratgeberin

Um Entscheidungen
gut zu treffen,
die den Verlauf
deines Lebens beeinflussen,
gibt es nur eine
einzige kompetente Ratgeberin:
deine eigene Seele.

Dein Selbstbild

Sei immer offen
für Veränderungen,
denn Veränderung
ist die Natur des Lebens.

Sei immer bereit,
dein Selbstbild neu zu zeichnen,
denn das Leben
verändert auch dich,
und mit dem Selbstverständnis
deiner Vergangenheit kannst du
den Herausforderungen und Chancen
deiner Zukunft nicht gerecht werden.

Eine gute Gelegenheit

Wenn du dich für einen
von zwei Wegen entscheiden mußt,
dich aber nicht entscheiden kannst,
weil die Vorteile und Nachteile
beider Wege sich auszugleichen scheinen,
solltest du dich an den Wegesrand setzen
und deine Entscheidung vertagen.

Die Natur des Lebens
ist ständige Veränderung.
Du brauchst nur darauf zu warten,
daß etwas in dir sich verändert,
was dir die Entscheidung erleichtert.

Eine Entscheidung,
die noch nicht getroffen werden kann,
ist eine gute Gelegenheit,
Geduld und Gelassenheit zu üben.

Ausschlussverfahren

Wenn du nicht weißt,
was du willst,
finde zunächst heraus,
was du nicht willst.

Früher oder später
wirst du auf diesem Weg
deinen eigenen Weg finden.

Dreisatz

Lebe achtsam
und freundlich
im Augenblick,

schweife nicht ab
in die Vergangenheit –

und erwarte nichts
von der Zukunft.

Nötige Voraussetzungen

Es heißt mit Recht,
daß die wirklich wertvollen
Dinge des Lebens umsonst sind.

Doch sie haben Voraussetzungen:
eine offene Seele,
ein vertrauendes Herz,
ein freies Bewußtsein,
die Fähigkeit, Chancen zu erkennen –
und den Mut, sie zu nutzen.

Das Glück ist immer nah

Geniesse auch das kleine Glück

Wer sich mit dem Guten,
das sein Leben ihm schenkt,
nicht begnügt und rastlos nach
dem Besseren, ja dem Besten jagt,
verliert seine Freude am Erfreulichen,
sabotiert seinen Genuß des Genießbaren,
opfert sein Behagen am Angenehmen
für ein größeres zukünftiges Glück –
das womöglich nicht kommt.

Deshalb genieße auch das kleine Glück
in Freude und Dankbarkeit,
denn wenn du es verschmähst,
könnte das große Glück dich verschmähen.

Nimm den guten Augenblick wahr

Nimm den guten Augenblick wahr,
erkenne die günstige Gelegenheit,
ergreife die vielversprechende Chance,
laß sie nicht unentdeckt
und unerweckt vergehen.

Ein gutes Leben ist eine lange Kette
von beherzt genutzten guten Chancen.

Mit leichten Schritten

Je verzweifelter du
nach dem Glück suchst,
desto weiter entfernt es sich.
Glück entzieht sich den
Skeptischen und Deprimierten.
Es liebt und schenkt sich denen,
die sich ihm mit leichten Schritten nähern,
ziellos, erwartungslos, heiter.

Das Glück liebt die Menschen,
die es nicht bedrängen,
sondern ihm die Freiheit lassen,
zu kommen oder fernzubleiben.

Was Glück ist

Glück ist
die verdiente Erholung
nach einem anstrengenden Tag –

die freudige Entdeckung
von Knospen an einem Baum
nach einem langen Winter –

der herrliche Ausblick
vom Gipfel des Erreichten
nach einem schwierigen Aufstieg –

der erste Sonnenschein
nach einer Reihe von Regentagen –

die Freude der Erfüllung
nach einem harten Weg der Sehnsucht –

das Lächeln des Menschen,
den man über alles liebt.

Das Wasser der Genügsamkeit

Ein Mann fragte den Meister: „Wer ist mein größter Feind?"
„Dein größter Feind ist der, den du nie zu deinem Freund machen kannst. Dem du alles schenkst, was du zu schenken hast, und der trotzdem dein Feind bleibt."
„Und wer ist das?"
„Die Begierde", sagte der Meister. „Sie ist wie das Wasser des Meeres, von dem du immer durstiger wirst, je mehr du davon trinkst. Je mehr Wünsche du der Begierde erfüllst, desto maßloser werden ihre Ansprüche. Bist du ein reicher Mann, zwingt sie dich, noch mehr Geld anzuhäufen. Bist du ein Casanova, zwingt sie dich, immer neue Eroberungen zu machen. Bist du ein Feldherr, zwingt sie dich, immer neue Schlachten zu gewinnen. Damit du dich immer reicher, begehrenswerter und stärker fühlst. Doch in Wahrheit bist du ohnmächtig: ein Sklave deines unermüdlichen Verlangens. Deshalb sage ich: Dein größter Feind ist die Begierde."
„Und wie kann ich diesen Feind besiegen?" fragte der Suchende.
„Indem du der Begierde die Macht über dich entziehst", erklärte der Meister. „Befreie dich von ihren maßlosen Ansprüchen. Ein Mann braucht nicht viel, um glücklich zu sein. Er braucht keinen Palast, keinen Eroberungen, keine Schatzkammer voller Gold. In der Bescheidenheit liegt viel Glück, denn der Bescheidene findet Seelenfrieden. Er hat sich befreit von der Tyrannei seines Begehrens. Er hat das lodernde Feuer seiner Begierde mit dem Wasser der Genügsamkeit gelöscht."

LEBENSBRIEFE

Das Leben schickt dir Briefe,
um dir zu helfen.
Vielleicht läßt du
den einen oder anderen ungeöffnet,
weil du ahnst,
daß er dir nicht gefallen wird.

Du solltest sie alle öffnen,
die lobenden und tadelnden,
die inspirierenden und deprimierenden.
Du solltest sie alle lesen
und aus ihnen so gut lernen,
wie du nur kannst.

Gehe im Leben auf

Was du auch tust,
tue es mit
ganzer Aufmerksamkeit,
tue es so,
als gäbe es nichts
anderes zu tun.

Gehe im Leben auf –
und das Leben geht in dir auf.

Dort am besten

Glück kann sich dort
am besten entfalten,
wo du deinen Weg so gut
in deinem Herzen spürst,
daß du ihn mit
geschlossenen Augen gehen kannst.

Schutz

Wenn du mit einer
gewissen Leichtigkeit lebst,
schützt dich das nicht davor,
den Wahnsinn in der Welt
ertragen zu müssen,
aber es hilft dir,
dich nicht von ihm
deprimieren zu lassen.

Gratwanderung

Ein gut geführtes Leben
ist eine Wanderung
auf dem schmalen Grat der Kunst,
sich dort zu schützen,
wo man sich schützen muß,
und sich dort zu öffnen,
wo nur Offenheit
zum Glück führen kann.

Mitbestimmung

Das Schicksal
ist nicht nur eine Naturgewalt,
die über dich hereinbricht.

Durch die Entscheidungen,
die du im Lauf deines Lebens triffst,
wirst du zu einem Teil deines Schicksals
und bestimmst seinen Verlauf mit.

Die Blüte der Magnolie

„Ich wollte, ich wäre ihm nie begegnet!" sagte die junge Frau und schüttelte den Kopf so heftig, als wollte sie ihre schmerzhaften Erinnerungen abschütteln.
„Ich kann verstehen, daß du so etwas sagst." Der alte Mann nickte. „Doch ein solcher Wunsch ist nicht hilfreich. Schau mal auf die blühende Magnolie. Ist sie nicht wunderschön?"
„Ja, aber was hat das mit mir zu tun?"
„Viel. Vor einem Jahr um diese Zeit saßen wir auch hier. Du warst frisch verliebt und sehr glücklich. Deine Augen strahlten. Und die Magnolie blühte."
„Opa, worauf willst du hinaus?"
„Die Magnolie blüht so prächtig wie kaum ein anderer Baum. Sie ist die Königin der Gehölze. In ein paar Wochen wird die Magnolie ihre Blüten verloren haben. Aber deswegen werde ich mir nicht wünschen, sie nie blühen gesehen zu haben."
Die junge Frau schüttelte unwillig den Kopf. „Das ist doch nicht vergleichbar."
„Es ist durchaus vergleichbar", widersprach ihr Großvater. „Du warst glücklich mit deinem Freund. Ein ganzes Jahr lang. Und jetzt wünschst du dir, ihn nie kennengelernt zu haben. Aber dann hättest du das Glück mit ihm nicht erlebt."
„Aber auch nicht die Enttäuschung! Die Leere, die elende Traurigkeit, mit der ich jetzt kämpfe."
„Wer lebt, muß bereit sein, irgendwann zu sterben. Wer liebt, muß bereit sein, irgendwann Abschied zu nehmen. Das ist jetzt deine Aufgabe."

Die junge Frau schloß die Augen. „Er möchte, daß wir Freunde bleiben. Er hat es so gesagt wie in einer Filmszene. Verletzend klischeehaft. Am liebsten hätte ich ihn…“
„Und was hast du getan?“
„Ich habe ihn mit seinem blöden Klischee stehenlassen. Bin einfach weggelaufen. Er hat in den Tagen darauf ein paarmal angerufen, aber ich bin nicht rangegangen. Ich will ihn nicht mehr sehen. Nie mehr!“
„Das ist in Ordnung. Wenn du ihn nicht mehr sehen willst, dann siehst du ihn nicht mehr. Dann finden deine Gegenwart und deine Zukunft ohne ihn statt. Aber du solltest dankbar sein für das Glück, das du mit ihm erlebt hast. Er hat dein Herz zum Blühen gebracht, er hat dir schöne Zeiten geschenkt. Auch wenn er dich jetzt im Stich gelassen hat: Du hast eine wunderbare Liebe mit ihm erlebt.“
„Ach, das sind doch nur Methoden, eine Katastrophe schön zu reden!“
„Nein! Ich rede nichts schön. Ich versuche nur, dir zu sagen, daß du das Jahr der Liebe wertschätzen sollst, das du mit ihm verbracht hast. Du darfst ihm nicht die Schuld dafür geben, daß seine Gefühle zu dir sich geändert haben. Gefühle sind unberechenbar, niemand kann sie steuern, beim besten Willen nicht.“
„Das ist ein schwacher Trost, Opa.“
„Nein, das ist ein starker Trost! Die Dinge verändern sich, alles ist in Fluß. Die Kunst ist, das Wunderbare zu genießen, aber nicht zu verzweifeln, wenn seine Zeit vorbei ist. Wenn

die Magnolie im Garten ihre Blüten verloren hat, werde ich ihr nicht vorwerfen, daß sie geblüht hat. Ich werde ihr für jeden Tag danken, an dem sie mir ihre Schönheit gezeigt hat. Keine Blüte dauert ewig. Und wenn sie ewig dauerte, würden wir sie nicht so lieben. Du leidest, weil du dich nicht von der Vergangenheit lösen willst. Doch das mußt du – je eher, desto besser. Und wenn dir das gelungen ist, wirst du dankbar dafür sein, daß du diese Liebe ein Jahr lang erlebt hast, auch wenn du sie gern länger genossen hättest."

„Werde ich das wirklich? Ich weiß nicht. Ich will nicht, daß diese Liebe endet."

„Das Leben und die Liebe, sie nehmen keine Rücksicht auf unseren Willen. Du mußt deinen Willen aufgeben. Mit ihm rennst du nur gegen die Wand des Unmöglichen. Wir können den Lauf des Lebens nicht ändern. Wir können aber bestimmen, welche Haltung wir ihm gegenüber einnehmen. Und wenn wir etwas Wunderbares erlebt haben, das in Enttäuschung endete, sollten wir uns nicht auf das Enttäuschende, sondern auf das Wunderbare konzentrieren. Du hast es erlebt, es hat ein Jahr deines Lebens mit Schönheit und Glück erfüllt. Dieses Jahr kann dir niemand mehr nehmen. Betrachte die Enttäuschung als den Preis, den du dafür zahlen mußt. Vielleicht ist er gar nicht so hoch, wie er dir jetzt erscheint."

Die junge Frau seufzte, stand auf, ging zum Fenster und sah auf den blühenden Baum. „Du meinst also, ich soll mir einreden, daß ich glücklich über das sein muß, was mich unglücklich gemacht hat?"

„Ja. Denn ich glaube, es ist letztlich besser, geflogen und abgestürzt, als nie geflogen zu sein. Deine Verzweiflung wird früher oder später vergehen. Und dann wirst du vor dem kahlen Baum deiner vergangenen Liebe stehen. Und du wirst verstehen, daß er dein Leben verschönert und bereichert hat, indem er dir seine Blüte schenkte. Wir können unsere Vergangenheit nicht umschreiben, aber sehr viel hängt davon ab, wie wir sie interpretieren. Und wenn du ein Jahr Liebesglück mit ein paar Wochen oder Monaten Kummer bezahlen mußt, dann solltest du diesen Preis zahlen, ohne dich beim Schicksal zu beschweren."

„Woher weißt du, daß mein Kummer ein paar Wochen oder Monate dauern wird?"

„Ich weiß nicht, wie lange er dauern wird. Aber je dankbarer du für das erlebte Glück bist, desto kürzer wird er sein. Und je mehr du dich in die Verzweiflung darüber hineinsteigerst, daß diese Liebe vorbei ist, desto länger wird dein Kummer dauern. Was das Leben mit uns macht, ist die eine Seite der Medaille. Was wir dann daraus machen, ist die andere Seite – und die ist oft die wichtigere."

Die junge Frau seufzte erneut und wandte sich ihrem Großvater zu: „Ich weiß nicht. Das hört sich alles ganz richtig an, was du sagst, aber es hilft nicht gegen die Traurigkeit."

„Um ehrlich zu sein", sagte er, „wenn die Magnolie verblüht ist, bin ich auch ein bißchen traurig. Aber diese Traurigkeit vergeht schnell wieder. Denn ich weiß: Die Magnolie wird erneut blühen."

Geh auf das Leben zu

Solange du deinen ureigenen Platz
in der Welt nicht gefunden hast,
wird eine hartnäckige Unzufriedenheit,
ein starkes inneres Unbehagen,
das nicht zu betäuben ist,
dich daran erinnern,
daß du noch nicht so lebst,
wie du leben solltest,
daß du noch immer darauf wartest:
auf die freudige Vereinigung
von Wunsch und Wirklichkeit,
von Berufung und Beruf.

Warte nicht zu lange.
Geh auf das Leben zu,
mach es zu deinem eigenen:
mit Mut, mit Herz und einer Zuversicht,
die stärker ist alle Selbstzweifel.

Reaktionsvorschläge

Wenn das Leben dir
eine Fallgrube baut,
verwandle dich in einen Vogel,
der elegant über sie hinwegfliegt.

Wenn das Leben
dir ein Gewitter schickt,
zieh deine Kleidung aus
und tanze im Regen.

Wenn das Leben dir Zitronen gibt
und dir die Möglichkeiten fehlen,
daraus Limonade zu machen,
gib ihm die Zitronen zurück.

Blickweisen

Ein zuversichtlicher Blick
reicht über den Horizont hinaus.

Ein pessimistischer Blick
ist seine eigene Mauer.

Regeln und Ausnahmen

Je mehr du dein Leben
nach festen Regeln führst,
desto mehr läufst du Gefahr,
die Ausnahmen zu vergessen,
die manchmal wichtiger sind
als die Regeln.

Bedenkenswert

Wenn du berühmt werden willst,
bedenke, daß Ruhm nicht glücklich macht.
Wenn du reich werden willst,
bedenke, daß Reichtum nicht glücklich macht.
Wenn du mächtig werden willst,
bedenke, daß Macht nicht glücklich macht.

Wenn du das Glück finden willst,
bedenke, daß du dich selbst finden mußt.
So wird das Glück von selbst kommen,
denn es fühlt sich angezogen
von Menschen, die eins mit sich sind.

Es geht nicht nur

Sei einfach da,
ohne etwas zu denken.
Denke nicht,
daß das nicht geht.
Es geht nicht nur –

es kann dich
fliegen lassen.

Die Kunst des Sehens

Die Tatsache, daß du Augen hast,
bedeutet nicht, daß du sehen kannst.
Ich sah Menschen an einem
prachtvoll blühenden Baum vorbeilaufen,
ohne seine Pracht eines Blickes zu würdigen.

Die Kunst des Sehens besteht darin,
ein feines Gespür für alles zu haben,
was schön und bewundernswert ist.
Denn jeder Anblick des Wunderbaren
beseligt und erhebt, tröstet und inspiriert,
steigert den Wert des eigenen Lebens,
das umso kostbarer ist,
je öfter es der Schönheit begegnet.

Das Mädchen und der Baum

Als das Mädchen den Baum in einem Vorgarten am Ende der Straße zum ersten Mal sah, stand er in voller Blüte und entzückte sie mit seiner überwältigenden Schönheit.
Lange stand sie vor ihm, schaute in seine Krone und bewunderte seine üppige Blütenpracht.
Dabei war es ihr auf einmal, als hätte der Baum eine stille Bitte an sie.
Doch sie ließ ihn allein, ohne sich zu fragen, was diese Bitte sein mochte.
Am nächsten Tag besuchte sie den Baum wieder und ließ sich von seiner Herrlichkeit verzaubern. Und erneut fühlte sie, daß er sie ganz leise um etwas bat. Doch sie genoß seine Schönheit so sehr, daß sie keinen Sinn für etwas anderes hatte.
Und so war es auch bei ihren weiteren Besuchen.
Mit der Zeit wurde es für das Mädchen selbstverständlich, daß der blühende Baum auf sie wartete, wenn sie sich nach seiner Nähe sehnte. Und schließlich vergaß sie, daß es ihr am Anfang so vorgekommen war, als würde er sie um etwas bitten, denn er schien nichts zu brauchen. Er wirkte wunschlos in seiner Pracht.
Unverhofft wurde das Mädchen krank, bekam Fieber und mußte eine Woche lang das Bett hüten.
Als sie wieder gesund war und das Haus verlassen durfte, führte ihr erster Weg sie voller Vorfreude zu dem Baum.

Doch als sie ihn sah, erschrak sie zutiefst: Er hatte alle Blüten verloren.
Sie wurde sehr traurig. Und plötzlich wurde ihr bewußt, worum der Baum sie gebeten hatte: ihn zu umarmen, solange er blühte.
Unter Tränen umarmte sie seinen Stamm, doch insgeheim wußte sie, daß es zu spät dafür war.
Sie drückte ihre feuchte Wange sanft auf die Rinde und hoffte, daß der Baum ihr verzeihen würde.

Nicht ohne

Weisheit
ohne Liebe
ist undenkbar.

Weisheit
ohne Mut
ist unerreichbar.

Weisheit
ohne Seelentiefe
ist oberflächlich.

Wirksamer Schutz

Eine entscheidende Voraussetzung
für ein seelisch reiches Leben
ist die Liebesfähigkeit.
Hast du sie einmal gewonnen,
verliere sie auf keinen Fall,
denn sie ist ein Kompaß
zu den Schönheiten des Lebens,
sie öffnet die Augen
für alles Wunderbare,
sie hält die Seele gesund,
sie ist ein wirksamer Schutz
vor den Viren der Gleichgültigkeit.

Das stärkste Heilmittel

Bewahre dir
immer deine Liebesfähigkeit
und gib dem Haß
keine Macht über dich.
Liebe ist das stärkste Heilmittel.
Haß ist das stärkste Gift,
das jeden schädigt und kränkt,
der mit ihm in Berührung kommt,
während Liebe jeden heilt:
den Gebenden und den Empfangenen.

Ein Lächeln ist wie ein Geschenk

Achte auf die Signale

Vertraue der Weisheit
und Richtigkeit deiner Sehnsüchte,
aber lasse dich nicht
von ihnen zum Narren machen.
Denn sie sind oft nicht achtsam,
halten den Wunsch für die Wirklichkeit
und sehen in einem Menschen etwas,
was er gar nicht hat oder ist.

Deshalb achte gut auf die Signale,
die ein Mensch dir sendet,
in dessen Nähe deine Sehnsucht dich führt.
Laß deine Sehnsucht nicht
über ihre eigene Hoffnung stolpern
oder allzu lange
vor einer verschlossenen Tür warten.

Vertrauensvolle Spiele

Wenn du in der Liebe
und in der Freundschaft
strategisch denkst und handelst,
mußt du dir die Frage gefallen lassen,
ob du Freundschaft und Liebe
als einen Kampf verstehst –
was sie ganz gewiß nicht sind.

Freundschaft und Liebe
sind vertrauensvolle Spiele
zwischenmenschlicher Nähe,
bei denen es nur Gewinner gibt –
wenn gut genug gespielt wird.

Die Sprache des Lächelns

Es ist gut,
wenn du an jedem Tag
einen Grund zum Lächeln hast.

Es ist noch besser,
wenn du an jedem Tag
auch einem anderen Menschen
einen Grund zum Lächeln schenkst.

Am besten ist es,
wenn du erkennst,
daß das Lächeln
eine der schönsten Sprachen ist,
in der sich Menschen
miteinander verständigen können –
und du diese Sprache zu lieben lernst.

Aus freien Stücken

Je weniger du
von einem Menschen erwartest,
für den du Gutes empfindest,
desto mehr Freiheit läßt du ihm,
dir nur das zu geben,
was er dir wirklich geben will.

Erwartung kann
einen unguten Druck ausüben.
Was dir aus freien Stücken
geschenkt wird,
hat den höchsten Wert.

Nur das

Was man dir gibt,
weil du es verlangst,
wird durch
dein Fordern entwertet.

Was man dir gibt,
weil du es erwartest,
wird durch
deine Erwartung verwässert.

Nur das,
was du geschenkt bekommst,
aus freien Stücken,
ist wirklich wertvoll.

Die wertvollsten Geschenke

Ein nachdenkliches Mädchen, das gern gegen den Strom schwamm, fragte ihren Großvater: „Warum soll ich eigentlich meinen sechzehnten Geburtstag feiern?"
„Warum solltest du es nicht? Es ist üblich, daß Menschen ihren Geburtstag feiern. Auf der ganzen Welt", war die Antwort.
„Ja, aber es ist doch nur eine Konvention, und ich mag Konventionen nicht besonders. Außerdem – wie soll ich vorher wissen, ob ich an meinem Geburtstag überhaupt in Feierlaune bin? Und wenn ich feiere, ohne in der Stimmung dafür zu sein, komme ich mir vor wie eine Heuchlerin."
Der Großvater dachte eine Weile nach und fragte seine Enkelin: „Was wünschst du dir eigentlich zum Geburtstag?"
„Was ich mir auch zu jedem anderen Tag wünsche. Daß ich mich gut fühle, daß meine Lieblingsmenschen und ich gesund sind, daß mehr Frieden in der Welt herrscht."
„Sonst nichts?"
„Sonst nichts."
„Gut", sagte ihr Großvater und lächelte schelmisch, „dann brauche ich mir ja nicht den Kopf darüber zu zerbrechen, was ich dir zum Geburtstag schenken soll."
„Mein Geburtstag soll dich nicht davon abhalten, mir etwas zu schenken", sagte das Mädchen. „Ich möchte nur nicht, daß du dich dazu verpflichtet fühlst. Geschenke, die spontan von Herzen kommen, sind für mich die wertvollsten – egal zu welchem Zeitpunkt. Das Herz schaut nicht in den Kalender."

Wie von selbst

Seelische Nähe zu einem Menschen
ist eine wunderbare Erfahrung.
Doch sie kann nicht hergestellt werden
durch Hartnäckigkeit, Eifer,
Strategie oder bloßes Engagement.

Im Grunde entsteht sie wie von selbst,
mühelos, schwerelos,
einem inneren Magnetismus folgend.

In Zusammenhang

Die Freude und das Glück,
die du von anderen empfängst,
stehen in Zusammenhang
mit der Freude und dem Glück,
die du anderen schenkst.

Wer nichts gibt,
dem wird nichts gegeben.

Sei aufgeschlossen

Wahre Liebe läßt sich
nicht erbitten oder gar erbeuten,
sie ist ein Geschenk des Lebens,
ihr innerstes Wesen ist Freiheit.
Willst du wahre Liebe erleben,
öffne einfach dein Herz,
wenn dir ein Mensch begegnet,
den du lieben könntest –
sei aufgeschlossen für das Gute,
was geschehen kann.

Aber hüte dich
vor dem Versuch,
es zu erzwingen.

Mit den Augen der Seele

Verlasse dich bei der Beurteilung
eines Menschen nicht auf deine Augen.
Ein äußerlich attraktiver Mensch
kann ein weniger schönes Wesen haben,
ein unscheinbarer Mensch
kann eine wundervolle Seele haben.
Verlasse dich auch nicht
allzu sehr auf deine Ohren,
denn Worte können täuschen.

Vertraue deiner Intuition.
Schau mit den Augen der Seele
hinter die Fassaden eines Menschen,
und du wirst seine Wahrheit erkennen.

Gute Begleiter

Dein Leben ist
eine Reise ins Ungewisse,
voller unvorhersehbarer Ereignisse.
Es ist ungemein wichtig,
gute Begleiter zu haben,
die ein kürzeres oder längeres Stück
des Weges mit dir gehen.

Such dir diese Begleiter gut aus.
Betrachte sie nicht durch die Brille
deiner Hoffnungen und Sehnsüchte,
sonst besteht die Gefahr,
daß du sie so siehst,
wie du sie sehen willst –
und nicht so, wie sie wirklich sind.
Betrachte sie mit Geistesgegenwart,
mit Feingefühl, Instinkt und Intuition.
Laß dich nicht von dem Schein täuschen,
um vermeidbare Enttäuschungen zu verhindern.

Mitverantwortlich

Mach dir Gedanken darüber,
wie andere Menschen mit dir umgehen,
insbesondere, wenn du meinst,
sie gingen nicht gut genug mit dir um.
Sei dir aber bewußt,
daß diese Gedanken, konsequent verfolgt,
zu dem Ergebnis führen können,
daß du dafür mitverantwortlich bist,
wie andere Menschen dich behandeln.

Wenn du ihr Verhalten
dir gegenüber nachhaltig verändern willst,
mußt du dein Verhalten
ihnen gegenüber nachhaltig verändern.

DEIN WERTVOLLSTES

Das Zerbrechlichste in dir
ist oft auch dein Wertvollstes.
Also schütze es vor all denen,
die es bewußt oder unbewußt
verwüsten und zerstören wollen.
Aber mauere es nicht ein,
denn so zerstörst du es selbst,
weil es Berührungen braucht.

Entwickle ein Gespür dafür,
wann und wo du es zeigen darfst –
und wann und wo du es schützen mußt.

Nur gut im Gleichgewicht

Es ist nicht ratsam,
wenn du für einen Menschen
mehr Interesse und Zuneigung zeigst,
als er für dich aufbringt.

Denn Freundschaft und Liebe
entfalten sich nur gut
im Gleichgewicht von
Geben und Empfangen.

Handinhalte

Du fragst dich angesichts
der Massen von Menschen,
die mit permanentem Blick
auf ihr Smartphone herumlaufen,
wer eigentlich wen in der Hand hat.

Neulich sahst du ein junges Paar.
Sie hielten Händchen,
was schön gewesen wäre,
wenn sie nicht beide in der anderen Hand
ein Smartphone gehalten hätten,
auf das sie andächtig starrten.

Fast hättest du sie gefragt,
was sie mehr interessiert:
das, was sie in der einen
oder in der anderen Hand halten.

Essig im Getränk

„Warum erzählst du mir so gut wie jedesmal, wenn wir uns treffen, von den Problemen, die du mit anderen Menschen hast?" fragte ein Mann eine Frau, mit der er seit Jahren befreundet war.

„Weil diese Menschen mich beschäftigen und meine Probleme mit ihnen mich belasten."

„Hast du dich eigentlich schon mal gefragt, warum ich dir gegenüber nie über Probleme mit anderen Menschen klage?" fragte der Mann.

„Du hast wohl weniger Gründe dazu als ich."

„Und wenn ich ebenso viele Gründe habe wie du, aber es trotzdem nicht tue?"

Die Frau wirkte verwundert. „Was willst du mir damit sagen?"

„Ich will dir sagen, daß ich mich so sehr freue, wenn ich mit dir zusammen bin, daß ich alle Probleme vergesse, die ich mit anderen Menschen habe. Wir sehen uns nicht allzu oft, und deshalb will ich dir bei jeder Begegnung mein Bestes geben. Offensichtlich ist es bei dir leider nicht so."

„Das stimmt nicht! Ich muß mich nur erst von meinem Ärger befreien, bevor ich mich darüber freuen kann, mit dir zusammen zu sein", verteidigte sich die Frau.

Nach einer Weile beendet der Mann das eingetretene Schweigen. „Und wo geht der Ärger hin, von dem du dich befreist?"

„Wie meinst du das?“
„So wie ich es gesagt habe: Wo geht dein Ärger hin, von dem du dich in meiner Gegenwart befreist? Ich sage es dir: Es geht in meine Seele, die du gern als Abladeplatz deiner Frustrationen benutzt.“
„Ich zeige dir doch nur, daß ich dir vertraue“, rechtfertigte sich die Frau, „wenn ich dir von meinen Problemen erzähle.“
„Ich muß dir nicht von meinen Problemen erzählen“, hielt der Mann ihr entgegen, „um dir zu zeigen, daß ich dir vertraue.“
„Was willst du mir eigentlich sagen?“ fragte sie mit sichtlicher Verstimmung.
„Daß ich jede unserer Begegnungen zu genießen versuche – wie ein köstliches Getränk. Doch ich kann es oft nicht, weil du meistens gleich zu Beginn ein, zwei Löffel Essig in dieses Getränk gibst. Am Anfang habe ich gehofft, du würdest irgendwann damit aufhören. Dann habe ich gehofft, daß ich irgendwann den Essig im Getränk nicht mehr schmecken würde. Aber beide Hoffnungen haben sich als falsch herausgestellt.“
„Warum hast du mir nicht eher davon erzählt?“
„Weil ich dich immer so akzeptieren wollte, wie du bist. Wechselseitige Akzeptanz ist für mich die Grundlage einer guten Freundschaft.“
„Und warum erzählst du mir jetzt davon?“

Der Mann atmete tief durch. „Weil ich mich nicht mehr als deine Frustrationsdeponie fühlen will. Weil ich traurig darüber bin, daß du mich viel zu oft als Kummeronkel eingespannt hast. Und weil meine Hoffnung gestorben ist, daß du dich mir gegenüber ändern wirst."
„Und was bedeutet das konkret?" wollte die Frau wissen.
„Daß unsere Freundschaft nie eine wahre Freundschaft war", sagte der Mann mit betrübter Stimme. „Denn die Grundlage einer Freundschaft ist ein bestimmtes Gleichgewicht, eine gewisse Ausgewogenheit, die bei uns nie bestand. Die Freude, die ich in deiner Nähe fühlte und die alle Gedanken an andere Menschen verschwinden ließ, hast du in meiner Nähe nicht in demselben Maß empfunden. Du hast bestimmt schon einmal den Gedanken gehört oder gelesen, daß der wichtigste Mensch immer der ist, der einem gerade gegenübersitzt. Für mich bist du das immer gewesen. Für dich bin ich es leider oft nicht gewesen. Zu oft."
„Heißt das", fragte die Frau, „daß du unsere Freundschaft beenden willst?"
„Es heißt", entgegnete der Mann, „daß ich endlich verstanden habe, daß wir nie eine wahre Freundschaft hatten."
In dem erneut entstehenden Schweigen sah die Frau ihn mit einem Blick an, in dem er Traurigkeit, Unsicherheit, aber auch Zorn erkannte – und noch etwas anderes, das er nicht einordnen konnte.

„Und wie geht es jetzt weiter? Willst du, daß wir uns nicht mehr treffen?“ fragte sie schließlich.
„Es wäre mir lieb“, sagte der Mann, „wenn wir uns eine Weile nicht mehr sehen. Meine Hoffnungen haben mir immer aufs neue Mut und Kraft gegeben, den Weg mit dir weiterzugehen, obwohl ich oft genug das Gefühl hatte, im Kreis zu laufen. Nun muß ich herausfinden, wo und wie ich dir gegenüber stehe und was ich noch kann und will. Bitte gib mir Zeit, um mich neu zu orientieren.“
„Wieviel Zeit?“
„Ich weiß es nicht. Ein paar Wochen, schätze ich, werde ich wohl mindestens brauchen.“
Die Frau preßte die Lippen aufeinander, stand abrupt auf und ging zur Tür. Als sie die Klinke schon in der Hand hielt, drehte sie sich um und sagte: „Es ist schade, daß es so endet. Von allen meinen Beziehungen war die zu dir die am wenigsten egoistische. Ich wünsch dir alles Gute!“
Offensichtlich kam es der Frau darauf an, das Gefühl zu haben, daß sie diejenige war, die einen Schlußstrich unter die Beziehung zwischen ihnen setzte. Sie wollte ihm keine Zeit geben, sich ihr gegenüber neu zu orientieren, weil sie befürchtete, daß er sich danach von ihr abwenden würde.
All dies war ihm klar, aber er verspürte nicht das Bedürfnis, es ihr zu sagen. Stattdessen gab er ihr zum Abschied ein Lächeln mit auf den Weg. Denn es gab vieles an ihr, das dieses Lächeln verdient hatte.

ZEITENTRENNUNG

Trage die Erfahrungen
aus einer beendeten Beziehung
niemals zu weit in eine neue hinein.
Laß deine Vergangenheit
nicht deine Gegenwart manipulieren,
laß sie vergangen sein.
Vermute nicht den Menschen,
der dich enttäuscht und verletzt hat,
in dem Menschen,
den du noch gar nicht kennst –

sonst könntest du dich ausgerechnet
vor dem Menschen verschließen,
der deine Enttäuschungen relativieren,
der deine Verletzungen heilen kann.

Erkennungsmerkmal

Lerne die Menschen kennen,
die du kennenlernen mußt,
damit deine Seele in der
Kommunikation mit ihren Seelen
die Zuneigung und Inspiration bekommt,
die sie zu ihrer Entwicklung braucht.

Du erkennst diese Menschen daran,
daß deine Seele sie erkennt.

Mut oder Vorsicht

Emotionale Nähe kann
ein gefährliches Terrain
voller Fallgruben und Fallstricke,
voller Tücken und Hindernisse sein.
Es kann aber auch
ein magisches Gefilde
voller Schönheit und Frieden,
voller Erfüllung und Sinn sein.
Du kannst es nur mit offenem Herzen
und vertrauensvoller Seele betreten,
also in hohem Maße verletzbar.
Dazu mußt du Mut aufbringen.

Willst du lieber in Vorsicht verharren,
läufst du Gefahr,
die größten Chancen zu versäumen,
die das Leben dir bietet.

Der Mensch oder das Bild

Wenn du dich
in einen Menschen verliebst,
kannst du nie genau wissen,
ob du dich in diesen Menschen
oder in das Bild verliebst,
daß du dir von ihm gemacht hast.
Das kannst du erst wissen,
wenn du diesen Menschen
so gut kennengelernt hast,
daß seine Wirklichkeit
dein Bild von ihm
bestätigt oder zerstört hat.

An diesem Punkt endet
entweder die Illusion,
oder es beginnt die Erkenntnis,
daß deine Verliebtheit
nur der Anfang deiner Liebe war.

Freunde

Freundschaft ist
von Natur aus tiefgründig.
Eine oberflächliche Freundschaft
ist ein Widerspruch in sich.
Man kann zahlreiche Bekannte haben,
aber nur wenige Freunde.

Behandle deine Freunde so,
wie sie es verdient haben.
Sie sind ein Geschenk an dich,
daß du nicht hoch genug schätzen kannst.

Erhaltenswert

Je mehr die Freundlichkeit
zwischen den Menschen verlorengeht,
desto mehr solltest du darauf achten,
daß dir deine erhalten bleibt.

Freundlichkeit sieht
den möglichen Freund im anderen,
sie schenkt ihm wohlwollenden Respekt
und schafft ein Gegengewicht
zu Kälte und Gleichgültigkeit.

Eine Chance

Das rätselhafte
Herz eines Menschen:
Versuche, es zu verstehen –
und du wirst scheitern.
Versuche, es zu lieben –
und du hast eine Chance,
es zu verstehen.

Die Grundlage

Wer nicht gern allein ist,
lebt in ständiger Versuchung,
die Gegenwart anderer
als Ablenkung von
sich selbst zu benutzen.

Dabei ist doch die Fähigkeit,
das Alleinsein zu genießen,
die Grundlage dafür,
die Schönheit der Nähe
zu anderen Menschen zu entdecken.

Wie Sonnenstrahlen

Mach dich nicht größer,
als du bist, aber auch nicht kleiner.
Sei dir deines Wertes,
deiner Talente und Potentiale bewußt,
stelle dein Licht nicht unter den Scheffel,
sondern sende es wie Sonnenstrahlen
in die Welt hinaus.

Aber benütze es nicht dazu,
andere zu blenden.

Ganz einfach

Wenn ein Mensch
dich zu einem
sinnlosen Kampf herausfordert,
fordere ihn
ganz einfach zu einem
sinnvollen Frieden heraus.

Im innersten Kern

Die Liebe ist
in ihrem innersten Kern
tiefster Frieden.
Wenn du versuchst,
sie zu einem Kampf zu machen,
wirst du sie verletzen –

sofern es ihr nicht
rechtzeitig gelingt,
vor dir zurückzuweichen.

Die Wichtigkeit des Mitgefühls

Der Meister wurde gefragt, warum die Entfaltung des Mitgefühls in seinen Augen einen so hohen Stellenwert hat.
„Es sollte in jeder Lebensbetrachtung, die Herz genug hat, auf eine bessere Welt zu hoffen, einen hohen Stellenwert haben", war seine Antwort. „Denn die Menschen können nur dann ein friedliches und gutes Zusammenleben verwirklichen, wenn sich ihr Mitgefühl gut entwickelt. Erst wenn die Empathie für das Leiden anderer Geschöpfe bei den Menschen stark genug ausgeprägt ist, wird es keine Kriege, keine Gewalt, keine Ungerechtigkeiten und Grausamkeiten auf dieser Welt mehr geben. Weil dann jeder Mensch sich selbst im anderen sieht – und deshalb den anderen so behandelt, wie er selbst von ihm behandelt werden möchte. Gewaltfrei. Respektvoll. Fair und freundlich."
„Aber wie kann ich Mitgefühl für Leute empfinden, die keines verdienen? Leute, die über Leichen gehen?" wurde er gefragt.
„Auch sie verdienen Mitgefühl. Gerade sie verdienen es", antwortete der Meister. „Denn wer über Leichen geht, wer das Leben anderer Menschen zerstört, ohne daß sein Gewissen sich regt, hat nicht nur sein Gewissen getötet. Ihm ist das Schlimmste geschehen, was einem Menschen passieren kann: Er hat seine Seele verloren."

Nur einen

Du brauchst
nur einen Menschen,
an den du glauben kannst,
um den Glauben an die Menschen
nicht zu verlieren.

Du brauchst nur einen Menschen,
den du lieben kannst,
um den Glauben an die Liebe
nicht zu verlieren.

Fensterplatz

Wenn dein Leben
eine Zugfahrt wäre,
solltest du an einem Fenster sitzen,
das sich öffnen läßt,
mit einer Seele,
die sich öffnen läßt –

damit sie die Reisenden anzieht,
mit denen du gern
in demselben Abteil sitzt,
weil sie dich mit ihrer
bloßen Gegenwart beschenken.

In dir selbst leuchten die Sterne des Glücks

Verhinderungsmassnahmen

Setze dem Haß in der Welt
deine Liebesfähigkeit entgegen.
Begegne der lauten Wichtigtuerei
mit stiller Gelassenheit.
Antworte auf die Gewaltbereitschaft
mit konstanter Friedfertigkeit.
Wirke der Verrohung
mit feiner Freundlichkeit entgegen.
Fange die heillosen Dummheiten
mit geduldiger Weisheit auf.

Du wirst die Welt
nur schwer verbessern können,
aber du kannst verhindern,
daß sie dich verschlechtert.

Mit Leichtigkeit

Du wurdest nicht als
Lastesel deines Lebens geboren.
Du kamst auf die Welt,
um dich mit Leichtigkeit zu bewegen,
mit offenen Sinnen zu leben,
um dich in Freiheit zu entwickeln,
im Denken wie im Fühlen.
Du wurdest nicht geboren,
um in geistigen Gefängnissen
und emotionalen Wüsten
dein Dasein zu fristen.

Also bestehe auf deiner Freiheit,
bestehe auf Leichtigkeit, Freude,
auf deiner Einmaligkeit –
und wehre dich gegen alles und alle,
die dich zu einem Teil
einer Herde machen wollen,
die dorthin geht,
wohin sie getrieben wird.

Müssiggang

Müßiggang ist ein
scheinbar altmodisches Wort
in einer schnellebigen Zeit,
die den Menschen
immer weniger Muße läßt,
sie zu immer mehr Aktivität antreibt.

Doch es ist gerade die Ruhezeit,
die besonders wertvoll ist.
Wenn du sie immer aufs neue
mit dem Luxus des Müßiggangs
verbringen kannst,
bist du unzeitgemäß reich.

Die Basis

Gehe mit Leichtigkeit
durch dein Leben.
Belaste dich nicht
mit unnötigen Gewichten,
beschwere dich nicht
mit fordernden Abhängigkeiten.

Bleibe innerlich und äußerlich
so frei wie möglich,
denn die Basis
aller Leichtigkeit ist Freiheit.

Noch ein langer Weg

Ein junger Mönch sagte zu dem Abt eines Zen-Klosters: „Ich besitze nicht mehr viel, aber selbst dieses Wenige empfinde ich als Belastung."

„Dann wirf es weg!" riet der Abt.

Am nächsten Tag kam der junge Mann zurück und erklärte: „Jetzt habe ich nichts mehr."

„Dann wirf auch das weg!" empfahl der Abt.

„Wie soll ich etwas wegwerfen, das ich gar nicht habe?" fragte der Mönch.

„Du hast noch diese Frage. Wirf sie weg!"

Der junge Mönch war so überrascht von diesen Worten, daß einen Moment lang das sich sonst unentwegt drehende Rad der Gedanken in seinem Geist anhielt. Nach diesem Augenblick erkannte er, daß er zum ersten Mal in seinem Leben keinen einzigen Gedanken in seinem Bewußtsein gehabt hatte. „Ich habe zum ersten Mal die gänzliche Freiheit von meinen Gedanken erlebt, deren Wichtigkeit für den spirituellen Fortschritt du immer aufs neue betonst!" verkündete er dem Abt mit sichtlicher Freude.

„Wirf die Freude darüber weg!" sagte der Zen-Meister.

„Warum soll ich mich nicht darüber freuen, daß ich endlich die Erfahrung der Freiheit von Gedanken gemacht habe?" begehrte der Mönch auf.

Der Zen-Meister antwortete: „Kaum hast du erstmals Gedankenstille erlebt, zerstörst du sie sofort wieder mit dem Gedanken, sie erlebt zu haben. Du bist einen kleinen Schritt in die richtige Richtung gegangen – und sogleich gestolpert. Erst wenn du stundenlang meditieren kannst, ohne daß ein einziger Gedanke deine Meditation stört, hast du Grund genug, dich über deinen spirituellen Fortschritt zu freuen. Aber bis dahin ist es noch ein langer Weg, bis dahin wirst du noch oft stolpern."

Selten gehört

Weisheit ist
ein selten gehörtes Wort
in unserer schnellebigen Welt –
doch es ist eins der wichtigsten.

Denn ohne Weisheit wirst du
der Welt und dir gegenüber
nie die richtige Haltung finden,
die dein Leben zum Gelingen braucht.

Worauf es ankommt

Es gibt viele Wege,
mit deinem Leben zu scheitern.
Der sicherste Weg dorthin
ist das Setzen falscher Prioritäten,
die Konzentration auf Ziele,
die nicht zu deinem Wesen passen.

Deshalb sollte dein allererstes Ziel sein,
dich selbst so gut wie möglich zu kennen,
bevor du Entscheidungen triffst,
die dich auf Holzwege bringen können.
Nur wenn du zweifelsfrei weißt,
worauf es für dich im Leben ankommt,
kannst du es so gestalten,
daß es deinen wahren Bedürfnissen entspricht.

Ein Leben im Einklang mit dir selbst
ist immer ein gelungenes Leben.

Gute Voraussetzungen

Die Suche nach
möglichst tiefem Lebenswissen
und das Streben nach
möglichst großer persönlicher Freiheit,
gepaart mit der unbeugsamen Fähigkeit
zu lieben, zu staunen, zu bewundern –

all dies ist keine Gewähr,
aber eine sehr gute Voraussetzung dafür,
daß dein Leben einen guten Lauf nimmt,
der anderen Menschen Inspiration,
Ermutigung und Licht schenken kann
auf dem Weg durch ihr Leben.

Wirklich leben

Zum bloßen Existieren
gehört nicht allzu viel.
Leben oder nicht leben,
das ist hier die Frage.

Wirklich leben heißt
authentisch sein, du selbst sein,
nicht deine Zeit zu vergeuden,
sondern all ihre Chancen zu nutzen.
Wirklich leben heißt,
deinen Lebenssinn zu erkennen
und ihn zu entfalten –
unabhängig von der Meinung anderer.
Denn was hilft es dir,
wenn alle dir applaudieren,
du aber insgeheim spürst,
daß du auf dem Holzweg bist.

Gute Hindernisse

Urteile nie zu früh,
wenn etwas nicht so gelingt,
wie du es dir gewünscht hast.
Ein Umweg, den du gehen mußt,
scheint zunächst unerfreulich,
womöglich sogar ärgerlich.
Doch dann entpuppt er sich
als eine positive Überraschung,
denn du findest auf ihm mehr,
als du auf dem Weg entdeckt hättest,
den du ursprünglich gehen wolltest.

Manchmal können Hindernisse
sich als geheime Türen erweisen
zu Räumen voll kostbarer Erlebnisse.

Mit anderen Augen

Um dir treu zu sein,
mußt du dich kennen.

Um dich zu kennen,
mußt du in dich hineingehen.

Um in dich hineinzugehen,
mußt du aus der Welt hinausgehen.

Wenn du dann wieder
in die Welt hineingehst,
wirst du sie mit anderen Augen sehen.

Mit Augen, die sehen.

Die Nähe zu dir selbst

Kennst du das ungute Gefühl,
daß du dich von dir selbst entfernst?
Nimm es als eine Aufforderung,
immer in deiner Nähe zu bleiben,
um die Chancen zu erkennen,
die das Leben dir bietet,
um die Türen zu sehen, die es dir öffnet.

Die Nähe zu dir selbst
ist die Voraussetzung für die Nähe zu anderen.
Sie ist die Gewähr dafür,
daß deine Entscheidungen richtig sind,
daß deine Freundschaften sich gut entfalten
und du nicht von deinem Weg abkommst.

Wenn du dir nah bist,
kannst du auch anderen helfen,
sich selbst nahe zu sein.
Nichts ist so wirksam wie das,
was du lebst.

Kluger Eigensinn

Der Diktatur eines Zeitgeistes,
der nicht genug Geist hat,
um den Wert freier Zeit zu verstehen,
kannst du dich nur durch
klugen Eigensinn widersetzen
und unbeugsame Entschlossenheit,
deinem Leben eigenen Sinn zu geben
und diesem Sinn zu folgen,
auch wenn dich auf diesem Weg
nicht viele Menschen begleiten werden.

Eigenständigkeit

Laß nichts und niemanden
die Eigenständigkeit deines
Denkens und Fühlens sabotieren:
Sie ist die Voraussetzung
für die Eigenständigkeit deines Lebens.

Sei dein eigenes Licht.
So findest du immer deinen Weg,
auch in dunklen Zeiten.

Der richtige Weg

Manche müssen weit reisen,
um bei sich selbst anzukommen.
Andere finden auf kürzeren Wegen
den richtigen Kurs für ihr Leben.
Und wieder andere kommen nie an,
weil es ihnen nicht gelingt,
ihre Träume und Sehnsüchte
mit ihrer Wirklichkeit zu vereinbaren.

Es gibt niemanden, der dir sagen kann,
was der richtige Weg für dich ist.
Aber je mehr Vertrauen
in die Weisheit deiner inneren Stimme
du bei der Suche nach ihm mitbringst,
desto größer sind deine Chancen,
deinen Weg früher oder später zu finden.

Schlüssel und Schlösser

Das Leben, das du leben sollst,
gibt dir Hinweise und Zeichen,
wie und wo du es finden kannst.
Diese Zeichen werden gern
Träume oder Sehsüchte genannt,
weil nicht der Verstand sie gibt,
sondern das Herz und die Seele.

Nur im Herzen und in der Seele
findest du die Schlüssel
zu dem Leben, das du suchst.
Aber manchmal brauchst du
auch den Verstand,
um die Türen zu erkennen,
in deren Schlösser
die Schlüssel passen.

Hilfreiche Umwege

Überschätze nicht
die Bedeutung der Geradlinigkeit.
Nicht selten sind Umwege
hilfreiche Teile des Weges,
auf denen du die Kraft
und Inspiration findest,
die du brauchst,
um deinen Weg weiterzugehen.

Dein Lebensglück

Erwarte dein Lebensglück
nicht von anderen Menschen.
Suche und finde es in dir
und lasse es strahlen –

wie eine innere Sonne,
deren Wärme und Licht
die Menschen anziehen wird,
die dein Lebensglück vergrößern.

Die Musik der Seele

Ein junger Pianist kam in die Endausscheidung eines renommierten Klavierwettbewerbs, dessen Gewinn schon manchem Nachwuchsmusiker als Sprungbrett in eine internationale Karriere gedient hatte.

„Du bist jetzt unter den sechs besten Teilnehmern“, sagte seine Lehrerin am Abend vor dem entscheidenden öffentlichen Auftritt. „Ich weiß, daß du der beste Pianist unter ihnen bist. Technisch mögen zwei, drei von ihnen dir das Wasser reichen können, aber niemand spielt mit annähernd so viel Feingefühl und Leidenschaft wie du. Ich habe nur eine wichtige Bitte an dich: Ziehe dich morgen für deinen großen Auftritt dem Anlaß angemessen an!“

„Was meinen Sie damit?“

„Nun, wie sich alle männlichen Kandidaten präsentieren werden: in einem feinen dunklen Anzug, weißem Hemd und dezenter Krawatte oder Fliege und in eleganten schwarzen Schuhen. Ich habe das alles für dich besorgt. Du findest es im Kleiderschrank.“

„Das ist sehr lieb von Ihnen, aber so kann ich nicht auftreten. Ich fühle mich in einem Anzug eingeengt und unwohl, und das würde meinem Spiel schaden. Ich werde auftreten wie immer, in meinen Jeans, meinen Turnschuhen und dem weiten Flanellhemd.“

„Damit wirst du optisch so sehr aus dem Rahmen fallen, daß die Jury verärgert sein wird.“

„Dann soll sie verärgert sein! Es kommt ja nicht auf meine Kleidung an, sondern auf mein Spiel.“

Die Klavierlehrerin seufzte. „Die Welt der klassischen Musik hat ihre Regeln, wie jede Welt. Und eine dieser Regeln lautet nun einmal, daß Pianisten einen dunklen Anzug tragen, um nicht nur mit ihrem Können, sondern auch durch ihr Erscheinungsbild zu glänzen."

„Ich kann an einem dunklen Anzug nichts Glanzvolles finden. Sie wissen doch, ich fühle mich nicht wohl darin, und das würde mein Spiel negativ beeinflussen."

Die Lehrerin seufzte erneut. „Wenn du in deiner Alltagskleidung auf die Bühne gehst, wird das die Wertung der Jury negativ beeinflussen. Sie wird deine Kleidung als eine Provokation empfinden, als einen Verstoß gegen die Regeln. Deine Sturheit wird dich den Preis und damit den Zugang zu einer internationalen Karriere als Konzertpianist kosten."

Der junge Pianist dachte eine Weile nach und sagte schließlich: „Wenn es so sein wird, dann soll es so sein."

Seine Lehrerin schüttelte traurig den Kopf und verließ das Hotelzimmer ohne ein Wort.

Ihre Vorhersage sollte sich als richtig erweisen.

Obwohl ihr Meisterschüler am nächsten Tag fehlerfrei und mit so viel Gefühl spielte, daß es Steine hätte erweichen können, vergab die Jury den ersten Preis an einen anderen Teilnehmer.

„Du hast gespielt wie ein junger Gott", sagte seine Lehrerin, als sie nach der Verkündung der Juryentscheidung in einem Café saßen. „Aber du hast den Wettbewerb nicht gewonnen, weil du ausgesehen hast wie ein junger Mann von der Straße."

„Also wegen Äußerlichkeiten“, sagte der Pianist.
„Ja, wenn du so willst, wegen Äußerlichkeiten. Ich habe dich eindringlich gewarnt. Mehr konnte ich nicht tun.“
„Sie haben sehr viel für mich getan in den letzten Jahren, und dafür werde ich Ihnen immer dankbar sein. Jetzt ist die Zeit gekommen, meinen Weg allein weiterzugehen.“
Die Lehrerin wirkte besorgt. „Ich kann verstehen, daß du enttäuscht und vielleicht auch wütend über das Urteil der Jury bist, aber du solltest jetzt keine vorschnellen Entscheidungen treffen.“
„Meine Entscheidung ist nicht vorschnell. Ich bin auch nicht enttäuscht oder wütend. Mir ist eher so, als hätte der heutige Tag mir die Augen geöffnet und gezeigt, wohin ich nicht gehöre.“
„Und wohin gehörst du nicht?“
„In eine Welt, in der Äußerlichkeiten die Wahrnehmung des Inneren beeinflussen. Ich will weiter für die Klaviermusik leben, aber in einer Welt, in der es allein auf die Musik ankommt.“
„Und wo ist diese Welt?“
„Das herauszufinden ist jetzt meine Aufgabe.“
Fünf Jahre später trafen sich der Pianist und seine ehemalige Lehrerin wieder in einem Café.
„Hast du damals nach dem Urteil der Jury wirklich keine Wut, keine Enttäuschung empfunden?“ fragte sie ihn.
„Nein, weder Wut noch Enttäuschung. Da waren andere, nie erlebte Gefühle in mir, die mir etwas Wichtiges sagen woll-

ten, aber ich konnte ihre Sprache nicht verstehen. Ich spürte nur, daß sie sehr stark waren und daß ich mich ganz auf sie einlassen mußte, um herausfinden zu können, was sie mir sagen wollten. Dazu brauchte ich völlige Ruhe. Also sagte ich alle Termine ab und verbrachte die folgenden Wochen und Monate wie ein Einsiedler in meiner Wohnung. In den ersten Tagen rührte ich das Klavier nicht an, doch dann zog mich etwas mit unwiderstehlicher Kraft zu ihm hin. Während ich ein Stück von Bach spielte, empfand ich ein wachsendes Unbehagen in mir, das ich nicht kannte und mir nicht erklären konnte, bis ich plötzlich mitten in dem Stück abbrach – um dann wie in Trance eine Tonfolge zu spielen, die ich noch nie gehört hatte. Eine Tonfolge, die mich in ihren Bann zog und wie von selbst immer mehr Gestalt, Farbe und Tiefe annahm, bis ich verstand, was mit mir geschah: Ich komponierte mein erstes Klavierstück."

„Und das kam wie von selbst, ganz ohne Wollen, ohne Absicht?"

„Ja, es strömte so dankbar aus meiner Seele, als hätte es schon lange auf diesen Augenblick gewartet. Ich hatte dabei ein so wunderbares Gefühl, wie es mir die Interpretation der großen Meister nie gegeben hatte. An diesem Tag verstand ich, was meine wahre Bestimmung war: Ich sollte nicht als Interpret anderer Komponisten, sondern als Interpret meiner eigenen Kompositionen leben. In den Wochen und Monaten darauf schrieb ich in einem wahren Schaffensrausch Dutzende von Klavierstücken. Es war, als wäre ein Bann gebrochen, als hätte sich eine Kraft in mir befreit, die lange gefangen gewesen war. Ein Jahr später präsentierte ich meine Kompositionen erstmals in Salons und kleinen Konzertsälen. In den folgenden Jahren wurden die Säle, in denen ich auftrat, immer größer. Und jetzt spiele ich meine Klavierstücke in den bedeutendsten Musikhäusern der Welt."

„Ich habe deinen erstaunlichen Weg mit Freude und Bewunderung und auch mit Stolz verfolgt", gestand die Klavierlehrerin. „Du hast einzigartige Kompositionen voller Magie und Schönheit geschaffen, Werke für die Ewigkeit. Du bist ein berühmter Musiker geworden. Die Melodien deiner Seele verzaubern die Musikwelt. Und du trägst immer noch deine ausgeblichenen Jeans, deine Turnschuhe und Flanellhemden auf den Konzertbühnen. Du bist dir treu geblieben, obwohl sich dein Leben so sehr verändert hat. Ich habe mich oft gefragt, warum ich in all den Jahren, in denen ich dich unterrichtet habe, nicht erkennen konnte, welch begnadeter Komponist in dir steckt."

„Ich habe es ja selbst nicht erkannt. Wie hätten Sie es da erkennen können? Zumal Sie voll und ganz konzentriert darauf waren, mein Spiel zu verbessern."

„Ja, wir waren beide nur darauf konzentriert, dein Spiel zu verbessern. Wir waren zu sehr damit beschäftigt, den Brunnen deiner Spielkunst auszubauen, um zu erkennen, daß unweit von ihm eine magische Quelle sprudelte. Ist es nicht seltsam, daß es einer Niederlage bedurfte, um dich zu einem Triumph zu führen? Nachdem die Jury damals den

Preis, den zweifelsfrei du verdient hattest, einem anderen Teilnehmer verliehen hatte, habe ich befürchtet, daß diese Ungerechtigkeit dich aus der Bahn werfen und in eine Krise stürzen würde."

„Das hat sie auch – wenn man eine Krise als einen Zustand betrachtet, in dem man erkennt, daß sich unbedingt etwas ändern muß. Das Urteil der Jury war das Beste, was mir damals passieren konnte. Denn es hat etwas in mir befreit, das mir den Weg dorthin zeigte, wo ich jetzt bin: in der Seele meiner eigenen Musik, in der Musik meiner eigenen Seele."

Sei wie du bist

Sei wie ein Baum,
der Schutz vor der Sonne bietet.

Sei wie ein Haus,
das zur Landschaft paßt.

Sei wie ein Lächeln,
das ansteckend ist.

Sei wie du bist,
nur so überzeugst du andere –
und dich selbst.

Von innen und aussen

Wenn ein Mensch
dir allen Ernstes sagt,
wie du leben sollst,
solltest du ihn auslachen.

Wenn ein Mensch
dir Anregungen und Ideen gibt,
wie du dein Leben
bestmöglich gestalten kannst,
solltest du sie prüfen.

Denn auch wenn du
deinen Lebensweg von innen her
finden und gehen mußt,
können Inspirationen von außen
hilfreich und wertvoll für dich sein.

Bleib dir treu

Laß dich nicht gleichschalten.
Folge nicht den Trends und Moden,
nur um mit dem Strom zu schwimmen,
nur um modern zu sein.
Bleib deinem Wesen treu,
auch wenn eine solche Treue
altmodisch wirken mag.

Denn was du gewinnen kannst,
wenn du mit der Zeit gehst,
anstatt die Zeit gehen zu lassen,
wohin sie will, ist nichts wert,
wenn du dich selbst dabei verlierst.

Nimm dein Leben persönlich

Nimm dein Leben persönlich,
denn du bist eine Person,
ein einmaliges Individuum
mit einem einzigartigen Leben,
das du auf die ihm gemäße Weise
erkennen, entfalten, verwirklichen mußt.

Es gibt kein echtes Leben von der Stange,
du mußt dir dein eigenes maßschneidern.
Dazu brauchst du Wissen über dich selbst,
über deine Sehnsüchte, Talente und Kräfte –
dann kann dein Lebensweg dein Lebensziel sein.

Ausstrahlung

Nur wer mit sich selbst
in Frieden lebt,
wer Gelassenheit hat,
wer Liebe empfindet,
der kann Frieden,
Gelassenheit und Liebe
um sich herum verbreiten.

Denn Ausstrahlung
kommt von innen.

Eigensinn

Sei eigensinnig,
dein eigener Sinn,
dein einzig möglicher Sinn,
den niemand dir zeigen,
niemand dir schenken,
niemand für dich leben kann.

Du mußt es selbst tun,
täglich aufs neue,
deinen Sinn in diesem Leben
finden, entfalten, verwirklichen.

Gute Nähe

Ohne eine gute Nähe
zu deiner eigenen Seele
wirst du nie
eine gute Nähe
zu der Seele eines
anderen Menschen finden.

Auf einer Höhe

Wenn du das Gefühl hast,
dein Leben gehe an dir vorbei
oder du an ihm,
nimm dieses Gefühl ernst,
schließe zu deinem Leben auf,
schließe dein Leben auf,
gehe mit ihm Hand in Hand –
und laß es nie mehr
dir vorauseilen oder hinterherhinken.

Denn nur wenn du
mit deinem Leben auf einer Höhe bist,
lebst du in Einklang mit dir.

Wie reife Früchte

Weisheit ist kein Ort.
Du kannst hundertmal
um die Welt reisen,
ohne Weisheit zu finden –
sie ist ein hellsichtiger Zustand,
ein wissender Zauber in dir.

Je tiefer du dich
in deine Seele sinken läßt,
desto größer wird deine Möglichkeit,
diesen Zustand zu erreichen,
diesen Zauber zu erleben,
in dem Weisheit dir zufällt
wie reife Früchte
vom Baum des Lebens.

Die richtige Antwort

Wenn am Ende deines Lebens
sich dir die Frage stellt,
was du aus ihm gemacht hast,
sollte die Antwort lauten:

Ich habe mein Bestes getan,
um so zu sein,
wie ich gemeint war,
wie ich leben wollte und sollte,
um nicht zu denen zu gehören,
die ihr eigentliches Leben verpassen,
weil sie sich zu sehr leben lassen.

Die leisesten Worte

Jede Seele hat eine Stimme.
Manchmal spricht sie klar und deutlich,
aber manchmal flüstert sie nur,
und du kannst ihre Worte nicht verstehen –
doch nicht, weil sie zu leise flüstert,
sondern weil deine Gedanken
und deine Gefühle zu laut sind.
Erst in völliger innerer Stille
hörst du, was sie dir sagen will.

Und ihre leisesten Worte
sind oft ihre wichtigsten.

Inhaltsverzeichnis

Lebe jeden Tag mit einem Lächeln 6

Lebenslicht 8

Möglichst offen 9

Merkmale der Weisheit 10

Nicht zu planen 12

Freude schenkt dem Leben Flügel 13

Nicht mit Kraft 14

Deine Zeit 15

Sichtbedingung 16

Chancenerhöhung 17

Freundschaftswille 17

Jeder Tag ist ein kleines Leben 18

Wie eine weiße Daune 18

Das Komische im Ernsten 19

Die Bitte des Spiegelbildes 20

Nicht verhandelbar 23

Seelennahrung 24

In Frieden 25

Frage dich nicht 26

So wertvoll 27

Und dennoch 28

Lebenswissen 29

Der Schneemann und die Krähe 30

Womöglich dort 32

Noch lange nicht 32

Eine der besten Antworten 33

Seelenfrucht 34

In Seelenfrieden 34

Es leicht nehmen 35

Das Geheimnis der Leichtigkeit 36

Rechtzeitiges Vergessen 39

Rückzugsorte 40

Die richtige Mischung 41

Nur dort 41

Lebe deine Träume 42

Träume wahrmachen 44

Chancen nutzen 45

Der Weg der Sehnsucht 46

Richtungsweiser 47

Erholungsurlaub 48

Chance oder Gefahr 48

Mit Mut und Entschlossenheit 49

Keine Gründe 50

Dankbarkeit und Wissen 51

Sterne 52

Nur eine Sache 52

Selbstverpflichtung 53

Ein Tauschhandel 54

Keine Gewähr 60
Nie so weit 61
Kompetente Ratgeberin 61
Dein Selbstbild 62
Eine gute Gelegenheit 63
Ausschlußverfahren 64
Dreisatz 64
Nötige Voraussetzungen 65

Das Glück ist immer nah 66

Genieße auch das kleine Glück 68
Nimm den guten Augenblick wahr 69
Mit leichten Schritten 69
Was Glück ist 70
Das Wasser der Genügsamkeit 71
Lebensbriefe 72
Gehe im Leben auf 73
Dort am besten 73
Schutz 74
Gratwanderung 74
Mitbestimmung 75
Die Blüte der Magnolie 76
Geh auf das Leben zu 80
Reaktionsvorschläge 81
Blickweisen 82
Regeln und Ausnahmen 82
Bedenkenswert 83
Es geht nicht nur 84
Die Kunst des Sehens 85
Das Mädchen und der Baum 86
Nicht ohne 87
Wirksamer Schutz 88
Das stärkste Heilmittel 89

Ein Lächeln ist wie ein Geschenk 90

Achte auf die Signale 92
Vertrauensvolle Spiele 93
Die Sprache des Lächelns 94
Aus freien Stücken 95
Nur das 96
Die wertvollsten Geschenke 97
Wie von selbst 98
In Zusammenhang 98
Sei aufgeschlossen 99
Mit den Augen der Seele 100
Gute Begleiter 101
Mitverantwortlich 102
Dein Wertvollstes 103
Nur gut im Gleichgewicht 104

Handinhalte 105
Essig im Getränk 106
Zeitentrennung 110
Erkennungsmerkmal 111
Mut oder Vorsicht 112
Der Mensch oder das Bild 113
Freunde 114
Erhaltenswert 115
Eine Chance 116
Die Grundlage 116
Wie Sonnenstrahlen 117
Ganz einfach 118
Im innersten Kern 118
Die Wichtigkeit des Mitgefühls 119
Nur einen 120
Fensterplatz 121

IN DIR SELBST LEUCHTEN DIE STERNE DES GLÜCKS 122
Verhinderungsmaßnahmen 124
Mit Leichtigkeit 125
Müßiggang 126
Die Basis 127
Noch ein langer Weg 128
Selten gehört 129
Worauf es ankommt 130
Gute Voraussetzungen 131
Wirklich leben 132
Gute Hindernisse 133
Mit anderen Augen 134
Die Nähe zu dir selbst 135
Kluger Eigensinn 136
Eigenständigkeit 136
Der richtige Weg 137
Schlüssel und Schlösser 138
Hilfreiche Umwege 139
Dein Lebensglück 139
Die Musik der Seele 140
Sei wie du bist 145
Von innen und außen 146
Bleib dir treu 147
Nimm dein Leben persönlich 148
Ausstrahlung 149
Eigensinn 149
Gute Nähe 150
Auf einer Höhe 150
Wie reife Früchte 151
Die richtige Antwort 152
Die leisesten Worte 153

Der Autor

Hans Kruppa ist einer der meistgelesenen deutschen Dichter und Aphoristiker. Er lebt als freier Schriftsteller in Bremen. Seine Gedichte und Märchen, Erzählungen und Romane, Aphorismen und Kurzgeschichten hat er in mehr als hundert Büchern mit einer Gesamtauflage von über zwei Millionen veröffentlicht. Einige seiner Bücher wurden in andere Sprachen übersetzt. Für sein schriftstellerisches Werk wurde Hans Kruppa mit dem New Yorker Otto-Mainzer-Preis ausgezeichnet.

„Er gilt als Meister der Liebeslyrik, als Mann, der mit dem Herzen denkt, als Realist mit Mut zu seinen Gefühlen. Hans Kruppa spielt gekonnt auf der Klaviatur der Zwischentöne und hat damit großen Erfolg." (Westfälische Nachrichten)

„Wer Hans Kruppa zuhört, dem können sich selbst die tristesten Stunden in „eine gute Zeit" verwandeln." (Deutsche Tagespost, Würzburg)

„Kaum ein deutscher Autor ist so vielseitig und erfolgreich wie Hans Kruppa. Ob er Liebeslyrik verfaßt, Märchen erzählt oder Romane schreibt, jedes Mal fließt viel Herzblut in seine Arbeit mit ein." (Visionen)

„Der Lyriker probiert, ohne daß er sich über die gesellschaftspolitische Lage Illusionen machte, auch „Schönwetterworte", und mit ihnen stellt sich Phantasie ein, Leichtigkeit…" (Die Zeit)

Mehr Informationen: www.hans-kruppa.de